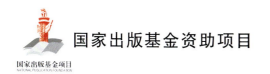

国家出版基金资助项目

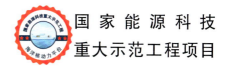

国 家 能 源 科 技
重大示范工程项目

海洋核能数值平台技术

陈　刚　董海防　吴国东　主编

武汉理工大学出版社

·武　汉·

图书在版编目(CIP)数据

海洋核能数值平台技术/陈刚,董海防,吴国东主编.—武汉:武汉理工大学出版社,2021.3

ISBN 978-7-5629-6265-6

Ⅰ.①海… Ⅱ.①陈… ②董… ③吴… Ⅲ.①核动力船-海上平台-研究 Ⅳ.①U674.921

中国版本图书馆 CIP 数据核字(2020)第 243663 号

项目负责:陈军东   责任编辑:陈 硕 黄 鑫
责任校对:张 晨   版式设计:冯 睿
出版发行:武汉理工大学出版社
地   址:武汉市洪山区珞狮路 122 号
邮   编:430070
网   址:http://www.wutp.com.cn
经 销 者:各地新华书店
印 刷 者:武汉市金港彩印有限公司
开   本:787×1092 1/16
印   张:12
字   数:200 千字
版   次:2021 年 3 月第 1 版
印   次:2021 年 3 月第 1 次印刷
定   价:128.00 元

海洋核能数值平台技术

编审委员会

自　序

　　"数值平台"的概念源于型号装备保障过程中应用的远程专家支持系统与综合保障信息系统,通过与大数据、云计算、机器学习等前沿技术结合,形成了基于工程数据库的全寿命周期运维保障创新理念。从工程建设上来说,"数值平台"是我们基于海洋核动力平台项目提出的一个全新的理念,它能够展现示范工程的特点,也只有像我们这样承担该项目总体设计、建造和运营的团队才有机会和理由思考这个从未有人尝试过的工作,这是一次在全新领域的探索。

一、从装备维修到装备保障

　　1996 年我开始负责"一代"产品的维修保障工作,最初我们采用的是传统的被动式故障维修模式:设备出问题了才解决问题。这种模式最大的问题是故障损害较大,缺乏应急预案,维修期长。同时,出现问题无法做到实时处理,例如操纵人员报设备故障,技术人员当天飞到现场,却发现只是一个开关未打开,并非故障。在这种背景下,我们与当时的管理机关、修理部、操纵队进行了全方位协调,结合我所的特点,提出"变被动维修为主动保障"的新的维修理念。这种理念不仅仅是字词的更换,同时还是一次全新的尝试,是对被动式故障维修理念的全方位颠覆,也使我们在整个行业领域中成长为一个绝对的先行者。

　　随着修理部更名为装备部,装备维修变成了装备保障。我们提出全寿命周期保障计划,并履行总体技术责任单位的职责。同时,为突出技术特点,引入全方位技术保障概念,主导全面保障计划的制订、技术方案的提供、基地建设等方面的工作,真正让总体所在装备运行中发挥不可替代的作用,也走出了一条具有我所特点的装备保障之路,得到甲方的高度评价,并成为甲方不可或缺的技术支撑。

二、远程专家支持系统的建立到装备保障综合信息系统的转变

　　随着装备保障工作的深入及装备使用频度的增加,装备保障的深度、域度和对维修人员能力的要求也越来越高,以前的保障模式面临进一步挑战。首

先摆在我们面前的是如何提高现场应急维修能力,装备总体设计和供货管理要求提供的图纸文件资料是完工文件级的,对设备维修保障针对性弱,设备维修工具只能算通用工具,在很多复杂工况下适用性低,无法解决现场维修的问题;装备的技术含量较高、专业性较强,很多的技术问题必须有专业技术人员介入。由此,我们提出建立远程专家支持系统,但受限于当时的技术条件,我们建立的远程专家支持系统只局限于以维修总师办为核心的专家组范围。后来,装备保障专家组成立后,我出任综合类专家,在工作中逐渐发现一个棘手的问题:设备原始资料不全,很多运行和维修数据只能靠老专家的回忆,这为装备维修保障带来了很大的困难。

可见,清理和记录设备的运行和维修资料至关重要。

因此,在6号装备中修的时候,我所争取到建设中修数据库的任务,在当时,这是一个很超前的概念。初期,大家包括我本人也只是将这项工作当成资料收集,错失了一个展开装备信息化工作的契机。到2000年左右,随着装备技术保障工作的进一步深入,同时也随着计算机网络技术的突飞猛进,我开始思考建立装备保障的综合信息系统的可行性,以远程专家支持系统为核心,建立总体所、装备保障基地和装备三位一体的信息化系统。尽管当时信息化已经成为一个热门话题,但由于信息化人才资源、设备等各种条件的限制,这项工作很难被人接受。受限于专业背景,我本人对这项工作的理解程度不深,关键又缺乏装备信息化方面的资料,国外这方面的资料也很难直接获取。

即便如此,我仍认为这一定是今后装备保障发展的必由之路,所以我开始与有经验的专家进行探讨,同时向有关部门建议,并同装备使用方协调,直到2006年行业开始推行信息化工作,2007年所机关部门随之同意装备保障综合信息系统的立项。

三、从建造信息库到智慧装备

随着对装备保障信息化思考的不断深入,一些无法忽视的问题出现了:我们承担保障任务的第一代装备普遍缺乏设计资料,第一代装备是以人工绘制的图纸进行交付的,极难转化为电子文档;同时,建造过程中的原始资料因为管理的缺失,基本没有保留,而运行和维修资料也因为重视不够极其不全。2005年,装备技术保障总师办全面介入,如何建立信息化是第一步,其中最紧迫而且最容易忽视的是建造资料。通过各种渠道,我们收集到大量的建造资料,但收集之后才发现资料极其庞杂,形式五花八门,分类整理和电子化工作量庞大。不巧,由于工作需要,我于2007年底调整岗位,这项工作也就无疾而终,现在想来甚感惋惜。

推进装备保障信息化成为我的强烈愿望,2011年左右,一次我无意中听人谈到云计算,很快接触了智慧城市建设的概念。适逢有朋友推荐了一本相关的书籍(那时候关于此类的书极少),又机缘巧合与作者交谈了两个小时,受益匪浅。由此,我开始琢磨建设智慧营区,智慧营区的概念得到了专家们很好的回应,很自然地从这一概念推及智慧平台。

四、从"智慧平台"到"数值平台"

2016年,我调任国家能源海洋核动力平台技术研发中心主任,多年的装备保障工作让我意识到海洋核动力平台示范工程全寿期运维保障工作非常重要,设计初期就应全面考虑。2017年9月,德国西门子公司来访,介绍了工业设计4.0以及他们尝试的设备资料的电子交付。数息间,我明确了下一阶段对资料的采集方式和方法,电子交付可能成为解决将第二代装备进行整理这个难题的途径。在此基础上,融入远程专家支持系统、故障远程再现和处置方案的敏感性分析设想,整个工程运维保障的画面仿佛就呈现在我眼前。

难掩激动,我开始迅速思考对数据云的使用方式,采用数据比对的方式处理工程数据存在很大的不确定性,需要探寻一种更加积极主动的模式。恰逢法国施耐德电气有限公司推荐了一种设备报警系统,其在数据的基础上结合系统设备的工作原理建立数据模型,并与实体之间进行长期拟合,达到高度一致。此后,结合风靡一时的数值风洞、数值水池、数字化反应堆,我顿时清明,"数值"二字完美契合该项工作内容,这才有了现在的"数值装备""数值系统"和"数值平台"。

五、基于"数值"的运维保障设计探索

确定基于数值平台的智慧运维体系思路后,2017年年底,通过探讨发现,这样贯穿全生命周期的工业模型库建设是没有现有成果可借鉴的,而在成果形态上,数值平台与数字孪生略有相似,但是更强调内在的逻辑模型,并且以运维保障为目的指向性更为明确。面对这项复杂而具备探索性的工程,需要牢牢抓住研发中心作为示范工程的总承包单位的优势,在示范工程设计、建造、运维、退役全生命周期进行智慧化思考与实施数值平台建设,不断进行量变积累最终形成质变。

在 2018 年年初,我们试图按部就班地齐步推进各系统数值平台建设,但在执行过程中发现各系统智慧化设计深度不一,齐步推进工作面临了一些挫折。其间,我们考察了苏州热工研究院有限公司智能监测中心、德国西门子公司创新中心、大唐姜堰智慧电厂等,并与具备丰富经验的运维人员进行探讨分析,最终确立了适合示范工程实际的数值平台推进路线:以数值平台理念为引领,结合各系统及合作厂家的实际情况,具体问题具体分析,以点带面逐渐深入,抓住一切设计与科研契机稳步推进各系统模块化工作。从 2018 年年中开始,经过技术思路与推进路线的统一,整个数值平台建设就迅速开展了,包括技术框架的搭建、关键技术的落实、各系统的数字化交付与初始建模等,在此过程中,很多合作厂家与高校都愿意参与到这样的工业信息化探索中,力争建设良好的数值平台产业生态圈。

六、小结

数值的概念不是孤立的概念,它与装备保障密不可分,是一个基于工程数据库的新理念。因此,数值平台在对船舶信息深度应用的基础上,以全寿期运维保障为目的,以数据云为手段,横向涵盖海洋核动力平台的设计建造、安装调试、各工况运行、维修保障、退役等各阶段,纵向包括基础资料与数据、各系统及设备自学习模型、数值平台等各层级,最终形成规范统一的海洋核动力平台本体数据集与模型集,为平台提供智慧运维、故障评估、修复决策等技术支持,并为下一代平台设计提供参考依据。在空间尺度上,数值平台是一种大型、复杂的多功能数值系统综合体,可实现实际尺度工程项目的全面模拟,能准确预报系统在各种工况下的运行状态与响应特性,从而指导工程设计。在时间尺度上,数值平台贯穿了海洋核动力平台的整个生命周期,同时将产品研制过程中的流程、工具、组织等要素也纳入产品数据的管理范畴,通过搭建一个独立、开放、标准的产品数据云,实现技术与管理信息交融互通,提高产品研制能力和生产管理水平,实现海洋核动力平台的智慧运维。

陈刚

2020 年 1 月

目　　录

1 海洋核能数值平台工程背景

1.1 研究背景

1. 海洋核能领域发展

能源和环境问题是当今世界经济发展的两大主题,大力开发清洁能源已成为改善环境质量的重要举措。党的十九大报告指出"加快建立绿色生产和消费的法律制度和政策导向,建立健全绿色低碳循环发展的经济体系。构建市场导向的绿色技术创新体系,发展绿色金融,壮大节能环保产业、清洁生产产业、清洁能源产业。推进能源生产和消费革命,构建清洁低碳、安全高效的能源体系"。为了大力推行节能减排政策,建设美丽中国,国家鼓励积极发展核能、风能、太阳能等对空气和水等环境资源破坏较小的清洁能源。

海洋核动力平台是一个搭载核动力装置的非自航式能源供应平台,利用核裂变反应产生的热能为用户提供安全、稳定、清洁、高效的能源保障。它具有一次装料运行周期长、功率密度高、机动性好、运行成本低和可持续发展等特点,可减少石化燃料的燃烧,减轻环境的压力,具有重要的社会效益和经济利益,是目前海洋工程可利用的最佳供能平台之一,也是海上能源供给方式的跨越式突破。

因此,海洋核动力平台是目前海洋装备开发领域的研究热点,各国正争相开展海洋核动力平台的研制工作。从 20 世纪 50 年代起,美国、俄罗斯和法国等海洋强国持续开展了民用核动力船舶、民用核动力破冰船和海洋核动力保障平台等海洋核动力平台的研究,各国在经历陆上模式堆、海上首艇验证和海上工程化应用的工程验证后,形成了较为完整的海洋核动力平台标准规范体系,均已具备海洋核能产业化应用的条件。

美国海洋核动力平台的研究水平处于世界领先地位,拥有系列化、多种形式的海洋核动力平台。美国建造的世界上第一座军民两用核动力平台"斯特吉斯"号,发电功率为 10MW,主要为边远地区和特殊地区提供能源保证及救灾、救援保障。近年来,美国麻省理工学院开展了新型"浮筒式"海洋核动力平台(图1.1)的研究,这种平台具备当代海洋核能安全性、机动性、海洋环境适应性和分布式应用的特点,并能适应极端海洋环境条件。

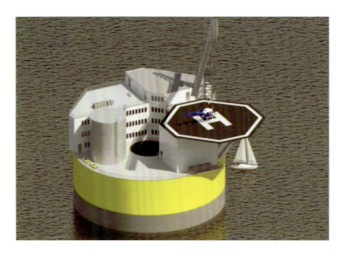

图1.1 美国麻省理工学院"浮筒式"海洋核动力平台

俄罗斯在民用海洋核动力平台研究方面处于世界领先地位,拥有多型号、多用途的海洋核动力平台,是海洋核动力平台研究的强国。为满足远洋地区的能源保障和应急救灾、岛屿以及海上油气资源开发需要,俄罗斯目前已建造完成世界上第一座按民用标准建造的海洋核动力平台"罗蒙诺索夫院士"号(图1.2),并进入调试运行阶段,该平台采用一体化反应堆,方形安全壳,双堆并列布置于船中,对外发电功率35MW×2,换料周期2.5～3年,设计寿命40年。

图1.2 俄罗斯"罗蒙诺索夫院士"号海洋核动力平台

法国在军用核动力装置的基础上积极推进民用海洋核动力平台发展,已初步具备民用海洋核能产业化应用条件。为了紧跟国际发展前沿,保持其海洋强国地位,目前法国正在积极开展海洋核动力平台应用研究。法国舰艇建造局基于舰船核动力装置技术,提出了"Flexblue"可潜式海洋核电站(图1.3)概念方案。

图 1.3　法国"Flexblue"可潜式海洋核电站

2. 我国海洋核动力平台示范工程

新时代背景下,我国对建设海洋强国、践行"一带一路"倡议也有着迫切需求。党的十九大报告提出"坚持陆海统筹,加快建设海洋强国"的强国观。"建设海洋强国"战略对于实现中华民族伟大复兴具有重大而深远的意义。过去五年,我国在海洋强国战略实施上取得一系列突破性成果,站在"比历史上任何时期都更接近、更有信心和能力实现中华民族伟大复兴的目标"的关键时间点,建设海洋强国已成为实现中华民族伟大复兴中国梦的重要力量。

然而,海洋能源供给受距离和装备技术的限制,保障难度大,致使我国岛礁驻防能力不足,海洋主权不断受到侵犯。通过先进的技术手段,实现稳定、充足的海上能源供给,是建设海洋强国的首要条件。目前,我国海上能源保障形式主要为石化燃料燃烧发电,对周边海域和大气环境影响较大;渤海油气作业中采用伴生气透平发电,目前面临油田伴生气量递减与电力需求日益增加的供需矛盾;南海岛礁和离岸基地采用燃油输送就地发电,运输和存储实施难度大、成本高,难以满足持续性发展需求;另外,太阳能、潮汐能或风力发电等新能源易受环境和季节性因素影响。

海洋核动力平台以核能作为一次能源进行非自航式能源供应,可对外持续提供电力、淡水等资源保障,具有机动性好、一次装料运行周期长、功率密度大、运行成本低、节能环保等特点,不占用宝贵的陆地资源,在海洋资源开发、岛礁建设的若干能源保障方案中具有明显优势,满足持续性发展需求,具有广阔的市场应用前景。

2014 年 6 月 13 日,国家主席习近平在中央财经领导小组第六次会议上发表讲话,指出"我们要深刻认识和把握能源技术变革趋势,高度重视能源技术变革的重大作用。确定能源技术开发应用的重点,要充分考虑资源条件、技术基础、环境容量、经济合理、国际合作可行性等因素,按照'三个一批'的路径,加快推进能源技术革命"。海洋核动力平台被纳入"示范试验一批"项目,符合国家能源规划。

2014 年 8 月,国家能源局授牌由中国船舶重工集团公司第七一九研究所牵头,中国核动力研究设计院、原中科华核电技术研究院有限公司及中海油研究总院等单位共同组建的"国家能源海洋核动力平台技术研发中心"正式成立。研发中心集海洋核能开发、海洋工程装备制造、工程成套和运行为一体,以海洋核动力平台示范工程为突破口,以形成具有完全自主知识产权的核心技术,填补和促进民用海洋核动力装置技术进步,实现装备产业化,提高核心竞争力,并逐步走向国际市场为发展目标。

2015 年 12 月 30 日,国家发展改革委下发了《国家发展改革委办公厅关于设立海洋核动力平台国家能源科技重大示范工程的复函》(发改办能源〔2015〕3477 号),明确"支持中船重工申报的 HHP25 军转民技术列为国家能源重大科技创新工程,请中船重工集团与相关单位加强合作,在原有船舶核动力技术基础上,结合当前工业化水平和民用核电技术要求,优化设计,并按照国家核电相关政策要求和用户需求,完善工程技术方案,尽快提交项目核准申请,加快推进 HHP25 军转民示范工程项目建设,尽早实现我国海洋核动力平台'零'突破"。

国家能源海洋核动力平台技术研发中心借鉴核动力舰船成熟技术和成熟核电技术,开展海洋核动力平台示范工程研究设计工作,突破军用成熟核动力装置技术转化为民用技术以及成熟大型核电技术"从大到小,由陆向海"过程中的关键技术,完成海洋核动力平台设计工作;同时,在确定示范工程目标的基础上,开展海洋核动力平台示范工程项目建设,建立一套与之相关的标准、规范,打造研究设计、装备制造和运行维护等完整的产业链。

海洋核动力平台示范工程是船舶海洋工程和核能工程的复杂有机结合,分为平台、核动力和单点系泊部分,平台外形效果图如图1.4所示。平台部分为整个平台提供工程载体与工作生活保障,包括舾装系统、保障系统、舱室环境控制系统、消防系统、放射性废物管理系统、综合平台管理系统、安全保卫系统、通信导航系统等;核动力部分作为能量转换枢纽,将核能转换为用户所需能源,包括反应堆、一回路系统、二回路系统、核动力装置综合控制系统、电力系统、应急电力系统、辐射防护系统、辐射监测系统、核燃料装卸与贮存系统等;单点系泊部分为整个平台提供定位,并将转换后的能源输送给海上用户,包括软刚臂系统、固定塔架系统、旋转塔系统、解脱回接系统、压载水注疏系统、电滑环、水滑环等。

图 1.4　海洋核动力平台外形效果图

由于海洋核动力平台长期远离陆地,具有"孤岛式"运行的特点,外部环境复杂多变,具有一定的作业安全风险,并且其属于重要涉核设施,故障处理不当可能会造成严重的政治与社会影响。同时,海洋核动力平台属于民用核设施,服役周期约 40 年,海上故障维修费用昂贵,严重影响其稳定性及经济性。因此,需要围绕海洋核动力平台建立完善的智慧运维平台,实现海洋核动力平台的运行优化、故障报警、预测维修、远程专家支持等功能,有效提高海洋核动力平台的安全性与经济性。

国家能源海洋核动力平台技术研发中心计划以示范工程为依托,在海洋核动力平台设计、建造、运维、退役全生命周期,贯穿智慧化设计与运维理念,融合数字孪生、大数据、云计算、机器学习等前沿技术,搭建基于工业模型库的"数值平台",实现海核领域的智慧运维体系建设。

1.2 技术背景

4G 技术铸就了辉煌的商业互联网时代,而 5G 技术依托于低时延、高可靠、大带宽的特性,将彻底打开工业互联网时代的大门。工业互联网将从线上到线下,以垂直方式构建全方位的工业信息生态系统,进一步推动新一代信息技术与制造业的深度融合,根据行业预测,到 2025 年,将有超过 100 亿个终端与设备联网。因此,随着信息化的发展以及 5G 时代的到来,不可避免会产生数据爆炸现象。"模型方法乃是现代科学方法的核心"[1],模型技术作为对物理实体及其关系的简化与抽象,可以对物理实体的本质属性进行深刻描述,将是解决未来信息化过程中的工业数据爆炸问题的重要途径。因此,未来工业竞争必然集中在工业信息的深度应用范畴,即工业模型库建设范畴。

2003 年,美国密歇根大学 Michael Grieves 教授提出了为一个物理实体建立数字模型的技术尝试,这普遍被认为是数字孪生体概念的源头,然而建立物理实体的虚拟孪生模型需要大量实时数据与历史数据作为支撑,受限于数据端的采集和管理方式,当时的数据在质量与数量方面都无法达到建立数字孪生体的要求。近些年,随着制造执行系统等工业系统的普及,完整有效地记录与管理产品或设备在设计与运行过程中所产生的全部数据成为现实,因此以孪生模型为基础的数字孪生技术在工业世界得到了广泛和高度关注。

数字孪生是基于物理模型、实时传感数据、运行历史数据等,集成多物理场、多尺度、多维度的逻辑特征,在虚拟空间中完成物理实体的信息映射,表征实体装备全生命周期的过程技术[2]。全球最具权威的 IT 研究与顾问咨询公司 Gartner 连续多年将数字孪生列为当年十大战略科技发展趋势之一;世界著名的武器生产商洛克希德·马丁公司 2017 年也将数字孪生列为未来国防和航天工业顶尖技术之首;中国科协智能制造学会联合体在世界智能制造大会上也将数字孪生列为世界智能制造十大科技进展之一。

随着新一代信息科技与传统制造业的深度融合,世界各国分别提出了国家层面的制造业转型发展战略,旨在通过模型化技术实现制造的物理世界和信息世界的互联互通。例如,在"未来工业"发展战略背景下,法国达索系统公司建立了基于数字孪生模型的3D体验平台,将经验反馈到物理实体产品改进中。在"工业 4.0"发展战略背景下,德国西门子公司基于数字孪生理念构建了整合制造流程的生产系统模型。在"工业互联网"发展战略背景下,美国国家航空航天局研发了基于数字孪生模型的复杂系统故障预测与消除方法。基于"中国制造 2025"和"互联网＋"发展战略背景,国家工业和信息化部牵头开展了以数字孪生技术为核心的信息物理系统指导规划与标准制定工作,中国相关高校也提出了基于数字孪生模型的快速故障定位方法,但由于对全生命周期数据贯通的基础要求以及高新技术产业本身的实施风险性,数字孪生等模型技术在我国工业领域尚缺乏全面的应用与实践。

党的十九大报告在"中国制造 2025"和"互联网＋"发展战略方面提出,"加快建设制造强国,加快发展先进制造业,推动互联网、大数据、人工智能和实体经济深度融合",同时,在海洋强国战略方面也明确指出,"坚持陆海统筹,加快建设海洋强国"。因此,国家能源海洋核动力平台技术研发中心在数值平台的建设路线方面,深度融合海洋核动力平台设计、建造、运维、退役全生命周期数据,基于多主体建模理念搭建数值设备、数值系统、数值平台多维度模型,最终形成规范统一的海洋核动力平台本体模型集,为平台智慧运维等提供技术支持,并为下一代平台设计优化提供参考依据,其构建示意图如图 1.5 所示。在技术思想上,数值平台主要通过数值建模解决未来信息化过程中的工业数据爆炸问题,通过模型自优化解决与工业实际脱节问题,因此,在某种意义上,数值平台将为"中国制造 2025"发展战略与工业全生命周期运维保障搭建技术桥梁。

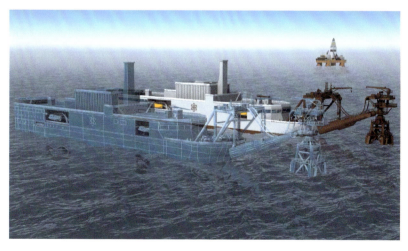

图 1.5　数值平台构建示意图

2　海洋核能数值平台概念

2.1　数值平台认识

传统数学方程建模是通过状态参数和控制参数构成的数学方程描述研究对象的相互作用和内在规律,支配其运行的规则是物理定律,通常适用于具有集中式处理特征的领域;传统计算机建模通常面向单一层次,宏观和微观截然分开,往往假设个体是近似同质,对模型特征变量按某一维度进行平均化处理,通常适用于系统的均衡状态及最优化方案研究[3]。海洋核动力平台是"海、核、船、堆"四位一体的有机结合,属于复杂系统工程,仅仅依靠传统数学方程建模或者计算机建模无法描述和表征,需要从分析系统与设备的行为规律入手,建立起能够反映复杂的因果关系和演化过程的数值模型。

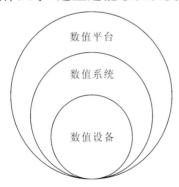

图 2.1　数值平台多主体建模示意图

因此,数值平台采用多主体数值建模思想,根据实际工程层次划分,依次建立数值设备、数值系统与数值平台,如图 2.1 所示。首先,在技术路线上,把具有适应性和主动行为的分散设备作为研究的切入口,抽象出不存在全局控制与集中式处理机构的、分散式存储与处理的数值设备;然后,分析数值设备在不同环境条件下的运行模式,自下而上构建整个系统的运行机制和规律,形成数值系统;最后,通过大数据平台,实现跨系统的互联互通以及数值系统的集成和共享的闭环流动,构建数值平台。

在理论方面,数值平台是通过融合先进的信息技术,形成物理空间与信息空间中实体、环境、信息等要素相互映射与高效交互的复杂自适应系统,并通过构建适应于实际环境的数值模型集,实现海洋核动力平台的孪生映射。因此,其本质亦是构建物理空间与信息空间之间基于数据高效交互的闭环赋能体系,以解决海洋核动力平台设计研发、生产制造、应用维护等过程中的复杂性和预测性问题。

在实施方面,数值平台首先通过传感器采集物理实体的基础数据,对基础数据进行实时分析;然后挖掘数据潜在的信息内容,构建初始数值模型并进行自优化设计;最后,基于数值模型做出准确的运行决策与故障预测。因此,数值平台构造了基于数据流动的闭环反馈,并在长期运行数据的驱动和作用下可以连续运行,从而对数值模型进行知识积累与迭代优化,最终搭建以数据和模型为主要元素的系统模型库,实现海洋核动力平台虚拟与现实的高效交互与协同。

在应用方面,数值平台可以实现数值模型与物理实体的双向沟通,基于物理实体的基本状态,以动态实时的方式对建立的数值模型做出精准的分析与预测,为实现信息技术与智能制造深度融合铺平道路,可以应用在工业领域中的设计、生产、制造、运维、退役阶段,具体应用场景包括健康管理、远程诊断、智能维护、协同优化、工艺改进等。

2.2 数值平台层次

2.2.1 数值设备

数值设备主要通过对设备特征和行为进行分析,将设备特征映射为数值模型的属性,将设备行为映射为数值模型的规则。在建模过程中,需要根据设备实际情况来权衡其精细度与抽象程度,在保留设备本质的同时,舍弃与系统目标无关的细节。数值设备主要包括三个部分,其构成要素如图 2.2 所示:一组特征参量,用于记录数值模型的实时状态与历史状态;一套规则集合,用于通过决策分析指导数值模型的具体行为;一组感知信息的传感器与起能动作用的执行器,对应着数值模型的感知与执行方式。

原则上,数值设备应能够实时感知与响应外部环境,适应环境的动态变化,并且认知能力能够随着系统的变化而进步;同时,所有数值设备能够通过其传感器与执行器,分别感知和作用于外部环境,并且彼此成为对方外部环境的组成部分。

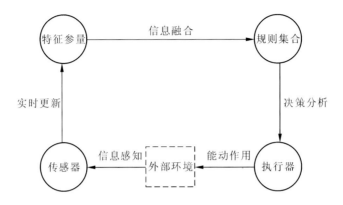

图 2.2　数值设备构成要素

2.2.2　数值系统

数值系统主要从系统的宏观层面出发,基于环境条件设置,搭建合理组织结构,完成多数值设备之间的高效通信与目标协调,最终构建整个系统的有机模型,如图 2.3 所示。具体内容主要包括:

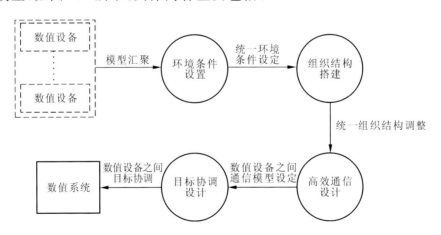

图 2.3　数值系统构成要素

（1）环境条件设置

数值设备的运行是以特定环境条件为基础的,因此系统环境条件体现为一系列数值设备的初始值,如数值设备的类型、数值设备间的初始关系等。环境条件的设置与调整,需要依据实际系统具体制定。

（2）组织结构搭建

数值设备之间的组织结构源于设备在系统中的各种关系,也对应于不同的拓扑结构,如对等型网络结构、上下级型层级结构、连锁型组织结构等。另

外,组织结构须重点考虑各数值设备的演化与环境适应性,保证其始终跟随系统变化而变化。

（3）高效通信设计与目标协调设计

高效通信是数值设备相互作用、相互协调的基础,在单一组织的对等模型中,通常采用全局共享方式与邻近节点传递方式,在多组织与层级模型中,通常采用以组织内通信为主,组织间通信为辅的方式;而在数值系统中,每个数值设备具有不同的子目标,系统整体目标融合在各个子目标的实现过程中,需要重点考虑两者之间的正面交互关系与负面交互关系:正面交互关系体现为各设备目标的重叠,需要建立优化协调机制促进各设备的合作,共同实现系统整体目标;负面交互关系导致各设备目标的冲突,需要建立规划协商机制,消除或减弱目标冲突[3]。

2.2.3 数值平台

数值平台是从多物理场建模的角度出发,通过统一模型构建标准,实现多数值设备与数值系统的本体描述,从而有效地支持复杂工程的协同建模。因此,数值平台提供通用的、独立于具体领域的模型描述,从高层次表达系统结构中最关键的元素及其之间的关系,清晰地定义系统的边界和系统同外界的交互关系[4]。数值平台应具备以下特点:

① 一致性:数值平台能够反映海洋核动力平台整个生命周期的信息,在设计、建造、运维、退役等各阶段,数值模型应在格式与表达方面具备一致性。

② 过程性:数值平台在海洋核动力平台全生命周期的不同阶段具有不同的性质,满足各阶段的具体功能要求,并且其内容具有动态性。

③ 可扩展性:数值平台要建立一个跨领域、跨阶段的海洋核动力平台全局模型,所以要充分考虑到模型的可扩展性。

最终,数值平台通过统一模型构建标准,实现跨系统的互联互通,构建平台级数值模型,在全局范围内实现海洋核动力平台状态分析、故障预警、运行优化与预测维修等功能。另外,随着数值平台的运行与成长,会逐渐形成规范统一的海洋核能复杂工程的本体模型集,这将为海洋核动力平台的下一代设计优化提供重要支撑。

2.3 　数值平台规划

目前,数字孪生理念普遍被认为是工业物理世界与信息世界的交互与共融的重要途径,从国内外的工业发展战略出发,法国施耐德电气有限公司的 EcoStruxure 平台,德国西门子公司的 MindSphere 平台,美国 GE 公司的 Predix 平台,中国浙江中控技术股份有限公司的 supOS 平台等均希望通过工业信息技术的多维融合与深度应用实现数字孪生并进行探索。但是,由于数字孪生对于工程全生命周期数据的连贯性要求,以及对于工程场景化渗入的深度性要求,上述企业虽然成功搭建了完整的标准化数据处理与展示平台,但由于缺乏场景化支撑、数据链残缺等客观原因,按照其自身以及行业内的普遍观点,这些平台仍属于数字孪生初级阶段。

数值平台以数字孪生理念为基础,更强调内在的逻辑模型,并且以运维保障为目的,指向性更为明确,也就是说,数值平台是更为具象的针对海洋核能领域的目标工程。海洋核动力平台是海、核、船、堆有机结合的复杂系统工程,全生命周期数据繁杂,各系统数字化深度不一,因此需要结合各系统工程实际情况逐步推进数值平台实施,具体包括以下步骤:

(1)框架搭建与技术路线落实

数据处理平台的框架关系着数值平台的稳定性与安全性,需要确保其架构的自适应性与科学性,可借鉴国内外类似平台架构的优点,并充分结合数值平台目标定位与工程实际情况,搭建数值平台基础框架;同时,与框架涉及的具体技术单位对接,确保数值平台框架技术的可实现性。

(2)基础数据收集与初始建模

由于各系统数据的前期搜集与加装采集,与该系统的初始模型构建是紧密贯通的,因此这两个工作应整合在一起进行。应组织各系统设计人员确定各系统需要构建的具体初始模型,并针对初始模型确定数字化交付的内容与需要加装的传感器;同时,组织工程管理部在合同模板中确定统一的数字化交付格式。

(3)模型自优化与统一交互

各系统针对工程实际构建了具体初始模型,但往往初始模型是不精准的,并且实际系统状态也是随时间变化的。须将各系统与相关高校对接,为各系统初始模型搭配适应的自优化算法,保持模型的持续成长性,使之随时间逐渐拟真于实际系统;同时,由于各系统模型之间也是密切联系的,在后期需统一各系统的模型架构或确定统一的交互协议,使各系统模型有机结合在一起,形成自适应的数值平台。

3 海洋核能数值平台实现

3.1 数值平台体系架构

数值平台以海洋核动力平台全寿期运维保障为目的,以逻辑模型为基础,以数据云为手段,横向涵括各系统及设备的设计建造、安装调试、工况运行、维修保障、退役等各阶段,纵向包括数值设备、数值系统与数值平台各层级,最终形成规范统一的海洋核动力平台运行本体模型集,为平台提供智慧运维、故障评估、修复决策等技术支持,并为下一代平台设计提供参考依据。数值平台实现的体系架构如图 3.1 所示,包括多维基础数据感知、分布式存储与计算、数值建模与自优化、故障预测与反馈、信息安全部署 5 层设计。

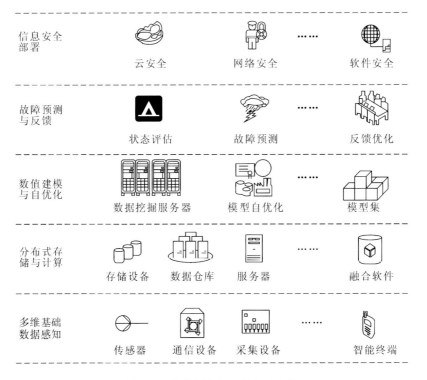

图 3.1 数值平台实现的体系架构

3.1.1 多维基础数据感知

多维基础数据感知是基于当前传感器技术、通信技术、射频识别技术以及智能嵌入技术，建立多维感知网络以获取更多丰富的海洋核动力平台数据，构建海洋核动力平台大数据资源池，汇聚海洋核动力平台各类数据，为大数据的多维融合与建模应用提供坚实基础。多维基础数据感知主要考虑三个层面的设计：首先，根据传统经验初步确定基础资料与感知数据搜集，实现海洋核动力平台多维度的信息感知；其次，对比实际工程方案进行传感器加装，通过各类智能传感终端采集需要的各类数据；最后，对多维数据进行实时清洗，实现感知数据的规范化、结构化和标准化处理。

1. 基础资料与数据

海洋核动力平台各系统以设备提供商为主体完成重要设备的基础资料搜集，以各系统原理经验模型为依据完成基础数据采集与测量方案。

首先，要进行基础资料搜集，各系统根据平台实际情况确定各系统重要设备，围绕重要设备全面搜集其设计、生产、出厂前调试（试验）等过程资料，包括设备原理图、出厂试验项目清单等，并进行统一归档。

其次，要进行基础数据采集，调研海洋核动力平台各系统重要设备的原理模型、运行经验等相关文献，梳理与重要设备运行相关的机电、环境等参量，例如振动、位移、倾斜、变形、电流、电压、温度、湿度、噪声等，并确定状态参数的测量方案。

最后，要为平台全生命周期数据感知进行部署，在系统设计阶段以各系统设备为基点，从系统设备生命周期中需要着重实施数据采集的各个阶段出发，对设备设计、工艺路线、制造过程、装配测试、运行使用等阶段的数据进行采集，主要包括：设备设计数据，如关键尺寸、配合公差、表面质量等；制造工艺数据，如切削量、进给速度、主轴转速、加工路线；各种加工性能表现性数据，如振动、电流、温度、负载率、跟随误差等；装配前的质检数据，如尺寸误差、表面质量、形状误差等，以及性能测试数据；运行使用过程中的故障参数，如故障类型、故障周期、故障部位等。

2. 智能传感终端

智能传感终端作为数据采集节点，实现实时性信息采集和信息化数据传输，以高效可靠的方式获取关键部件状态信息，强化系统设备间的关联性数据收集,便于信息交互、故障预测分析和健康状态评估,确保系统的数据采集信息库能够应对多种复杂、多变的故障分析。

智能传感终端性能与环境等因素密切相关,需选用抗干扰能力强、精度高、温度范围广的智能感知终端,实现复杂、高温、干扰较大的监测环境的实时状态参数测试和传输。传感器主要包括:

① 倾角传感器:实时采集舱内重要设备运行过程中的倾斜角度数据;

② 振动传感器:实时采集舱内重要设备运行过程中的振动数据;

③ 压力传感器:实时采集舱内管道油压、供水液压、货舱气压等压力数据;

④ 位移传感器:实时采集舱内重要设备运行过程中精密零部件产生的微小直线位移变化数据;

⑤ 电流电压传感器:实时采集舱内重要发电机或电动机的电流、电压数据;

⑥ 液体流量传感器:实时采集舱内重要管道内相应液体的流量变化数据;

⑦ 气体浓度传感器:实时采集舱内重要空间的有害气体浓度数据;

⑧ 热电阻温度传感器:实时采集舱内重要设备及精密仪器的温度变化数据;

⑨ 光纤温度传感器:实时采集舱内重要设备及管道液体的温度变化数据;

⑩ 红外热像传感器:实时采集舱内重要空间及关键设备表层的温度场变化数据。

借助智能传感终端可动态监测各部件系统的状态参数,其布置应根据实际情况考虑各舱室环境特点以及核心设备的工作特性,例如采用周围均匀辐散式布置振动、压力、红外热像等智能感知设备,实时监测分析各部件的运行状态,记录并传输检测到的状态参数。

3. 数据预处理

数据预处理即通过筛选、关联、融合、索引、调用等形式对数据进行特征提取和聚类分析。通过信息归纳处理,系统能够按照信息分析的频率等重点因子进行动态自适应的数据转换,同时解决海量信息的持续存储和调用问题。对多维感知数据进行特征提取,主要采取抽象性、选择性、归纳性、关联性、时序性等处理,具体如图 3.2 所示。

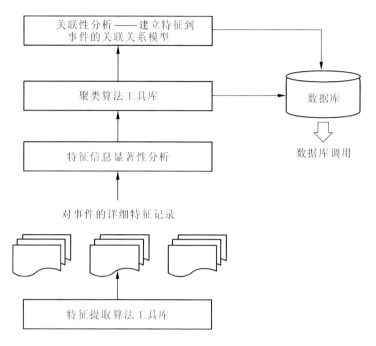

图 3.2　多维感知数据预处理示意图

（1）抽象性处理

抽象性处理指的是通过建立与分析系统相对应的特征提取算法和规则工具库,分析状态参数的历史记录情况和参考指标,对传感终端获取的信息进行特征提取并进行记录,可提高数据存储速率和数据调用的效率。

（2）选择性处理

选择性处理指的是筛选有效数据,以状态变化为导向,只记录与监测节点关键部件相关度较高的数据,对比日常记录工作状态和环境变化,加深对监测节点特性数据的敏感度,可提高数据变化的关联性分析以及数据存储和调用的效率。

（3）归纳性处理

归纳性处理指的是对采集数据的聚类过程,通过与相关联动变化的数据关联,奠定故障预测分析和健康管理的训练学习基础,可应用不同的数据特性的聚类算法模型工具实现状态信息的聚类处理。

（4）关联性处理

关联性处理指的是形成系统和部件间的相互映射关系,挖掘不同聚类信息内的特征和结论的相关性,作为决策支持的依据,运用关联性挖掘算法工具,进行不同部件、系统和舱室间的相关性分析。

（5）时序性处理

时序性处理指的是更新信息的权重,对信息的自适应性特征提取结合信息的遗忘指数,与设备状态和状态变化相结合,新纪录的数据与历史记录的信息相比更加鲜明,使得调用分析更加高效。

3.1.2　分布式存储与计算

数值平台作为大型、复杂的多功能综合体,其建设、优化及应用贯穿工程的整个生命周期。因此,数值平台所涉及的数据来源是多维度的,在时间维度上,数据来源于工程不同阶段,如设计阶段、建造阶段、运营阶段、退役阶段;在空间维度上,数据来源于与工程相关的、物理位置分散的设计单位、设备厂家、建造单位、业务单位、外部知识库等。数值平台数据来源多维度性决定其数据量大、格式多样化、数据量随着时间将爆炸式增长的特点。普通的数据中心集中式处理模式,已无法满足海洋核动力数值平台的海量数据、多维数据、多角度处理与应用的需求,因此应考虑适合数值平台的分布式计算与存储架构。

1.架构分析

通用的分布式计算架构包含客户端、作业服务器和任务服务器,如图 3.3所示。分布式计算是指将需要巨大的计算能力才能解决的问题分成许多小的部分,再将这些小的部分分配给许多计算机进行处理,最后将计算结果汇总以得到最终结果的计算技术[5]。其中,客户端实现申请新的作业、设定作业优先级、获取作业基本情况、关闭任务等功能;作业服务器实现发送心跳消息、获取系统文件路径、报告任务执行状况、获取相关任务执行情况等功能;任务服务器实现获取需要执行的任务、提交执行完成的任务、通告子进程状态、通告执行错误、发送心跳消息等功能。该架构具备共享稀有资源和平衡负载的优点。

通用的分布式存储架构包含客户端、元数据服务器和数据服务器,如图3.4所示。其中,客户端负责发送读写请求、缓存文件元数据和文件数据;元数据服务器实现管理元数据和处理客户端请求的功能,是整个系统的核心组件;数据服务器实现存放文件数据的功能,并保证数据的完整性。该架构性能和容量可根据需求同时拓展,系统规模具有很强的伸缩性。

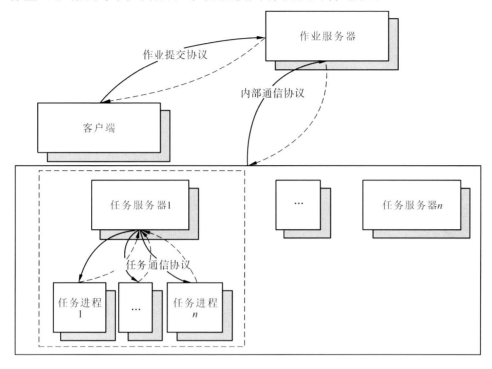

图 3.3　通用的分布式计算架构示意图

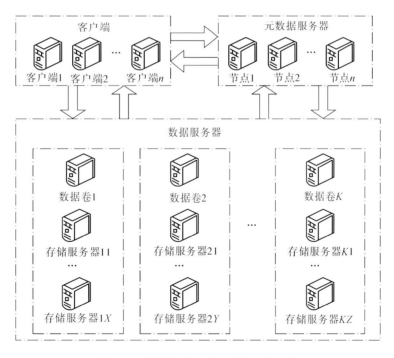

图 3.4　通用的分布式存储架构示意图

2.基本方案

数值平台的数据来源在空间上比较分散,且具有数据量大、数据格式多样化、数据量随着时间将爆炸式增长的特点。因此,数值平台分布式计算与存储架构需充分考虑统一数据采集需求、大数据存储与处理需求、结构化与非结构化数据存储与处理需求。数值平台的数据包含大量有用信息,应充分考虑机器学习、智能分析的需求,通过对数值平台数据进行分析、信息提取、建模,以实现故障预测、辅助决策等功能。

可见,数值平台分布式计算与存储架构至少包含分布式存储系统、分布式计算系统、数据仓库、统一数据转换工具、非结构化数据处理系统、机器学习与人工智能系统,完整的数值平台分布式计算与存储架构如图3.5所示。

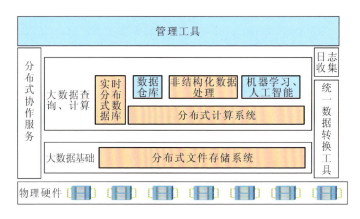

图 3.5　数值平台分布式计算与存储架构

（1）物理硬件主要包括服务器、存储磁盘、网络设备等,这些设备分别布置于设计单位、设备厂家、建造单位、业务单位。物理硬件是分布式计算与存储系统的承载体。

（2）分布式存储系统包含分布式文件存储系统、实时分布式数据库、分布式协作服务和数据仓库。

① 分布式文件存储系统使用整个服务器集群的资源来存储和管理数据,它将大的数据分割成许多小块,分别存放在集群中多台机器上,并自动为这些小块复制多个备份,也分散于整个集群中。这样,当某一设计单位的服务器宕机时,分布式文件存储系统能自动从其他服务器节点上获取该设计单位的相关数据来响应客户端的访问。分布式文件存储系统支持任意的文件保存格式,上层应用可根据自己的使用场景设计相应的数据格式。

② 实时分布式数据库采用分布式文件存储系统作为底层存储并备份数据,它是主从模式,包含分配资源、配置集群负载均衡的主节点,以及多个处理具体数据的从节点。

③ 分布式协作服务负责监控分布式实时数据库集群中所有服务器的运行状态,保证集群更健康地运行。分布式协作服务器感知到分布式实时数据库的主节点故障后,通过选举产生新的主节点,有效避免了单点故障造成集群故障;当感知到某个从节点出现故障时,及时通知分布式实时数据库主节点将该从节点上的任务重新分配给其他从节点。

④ 数据仓库是在数据库大量存在的情况下,为了进一步挖掘数据资源和决策需要而产生的[6],在数值平台中,数据仓库是为前端查询、分析、故障预测、辅助决策等应用而建。

（3）分布式计算系统的功能实现依赖于分布式存储系统,包含分布式计算框架、统一数据转换工具、非结构化数据处理系统。

① 分布式计算框架支持复杂的数据格式,包括关系表、文本、视频、图像等数据格式,能将这些数据格式转化成原始数据格式后进行处理;分布式计算系统支持海量数据,采用"分而治之"的设计,将海量数据切分成多个小份,在服务器集群中并行计算,实现数据的高效处理;分布式计算系统支持多种算法(包括模式识别、图像识别、自然语言分析等各种算法)对海量数据进行分析处理。

② 统一数据转换工具实现数据的提取、转换和加载,支持不同数据源之间数据交换。通过统一数据转换工具,可以从设计单位、设备厂商、建造单位、业务单位、外部知识库提取数据,并将不同协议、格式的数据转换成统一协议、通用格式,以便进一步处理。

（4）机器学习与人工智能系统是基础应用,该系统已集成通用的算法,如神经网络算法、贝叶斯算法等,用户可以直接使用已有算法进行分析,也可以在该系统中增加新的算法,或进行算法优化。

（5）管理工具模块主要实现系统分布式计算与存储系统的安装、部署和配置功能;日志收集模块则实现系统运行中日志数据的记录与获取功能。

因此,数值平台分布式计算与存储架构充分满足数值平台海量多样化数据的存储与处理需求,在此架构下可以可靠高效地开展大数据挖掘、机器学习与人工智能分析、建模与仿真、故障预测与辅助决策等功能。该架构扩展性良好,满足数据量增加、新技术发展等带来的系统扩容、升级等需求。

3.1.3　数值建模与自优化

1. 数值建模

（1）基本方法

海洋核动力平台属于复杂系统工程,单靠数学方程建模或者传统计算机建模往往无法进行描述和实现。针对这种情况,应分析不同设备及系统的功能、性能和运行规律,建立起能够反映复杂的因果关系和演化过程的数值模型集,依次建立数值设备与数值系统,最后基于统一建模标准构建数值平台。从模型理念角度来说,数值平台是把具有适应性和主动行为的设备作为研究的入口,分析其在不同环境条件下的运行模式,从微观到宏观,自下而上地找出整个系统以及平台运行发展的机制和规律。因此,数值设备是数值平台模型集的基本单元,其具体建模流程如图 3.6 所示,包括以下步骤:

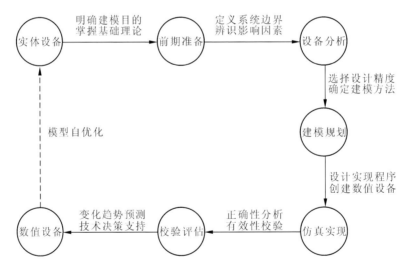

图 3.6　数值设备建模流程图

① 前期准备

数值设备建模面向问题和过程,需要在调研分析的基础上,弄清要解决的问题和所研究的目标。同时,数值设备建模需要掌握背景领域的基础理论。

② 设备分析

数值设备建模需要根据研究目标定义设备边界条件,辨识主要特征参量和影响因素,梳理各要素之间的关系和限制,对设备模型要素的相互影响与因果关系进行深入分析,找出对设备模型起重要限制的约束条件。

③ 建模规划

数值设备建模需要选择具体的建模方法,包括要素原型与模型变量的统一,模型变量之间的关系,具体约束条件等问题,并对先验知识等多方面因素进行综合,对实体设备进行抽象化。

④ 仿真实现

数值设备建模需要将建模规划的内容转化为可以仿真运行的数值模型,具体包括选择恰当的仿真算法、运行环境等。

⑤ 校验评估

数值设备建模需要对模型的正确性进行校验,要基于软件开发中的调试规程,验证模型实现的正确性,并对模型的有效性进行评估。

⑥ 数值设备

经过以上步骤,基本形成了初始数值设备,可以进行设备状态预测、维修决策等,在经历模型自优化过程后,逐渐建立拟真于实体设备的数值模型,可以从仿真结果或变化趋势中去预测目标设备运行趋势,为决策优化提供科学的依据,同时也为数值系统及数值平台高效构建提供重要的模型基础。

(2)具体示例

以海洋核动力平台二回路控制系统的数值建模为例。

在数值设备方面,主要包括蒸汽发生器数值模型、汽轮机数值模型、冷凝器数值模型、凝结水泵数值模型等。蒸汽发生器数值模型主要表征蒸汽发生器的动态特性,确定蒸汽发生器的输入输出参数之间的关系,即确定输入参数(蒸汽发生器传递热量、给水流量、蒸汽流量、传热管外径、传热管节径比等)与输出参数(水位、饱和蒸汽压力等)之间的关系,并通过调节输入参数使其输出参数维持在合理的阈值范围内;汽轮机数值模型主要表征汽轮机转速与功率的调节关系,具体通过调节汽轮机的进汽量,确定汽轮机的输入参数(进汽量、汽腔体积、进口压力)与输出参数(转子转速、发电功率)的关系;冷凝器数值模型主要表征内部各参数的动态变化趋势,主要输入参数包括汽轮机排汽量、冷凝器的补水量、冷却水流量等,主要输出参数包括冷凝器的工作压力、热井水位、凝水的过冷度等,冷凝器的输入、输出参数存在复杂耦合关系,因此数值建模需要考虑综合因素的影响;凝结水泵数值模型主要表征转速与流量的关系,通过对泵的特性曲线方程与管路的特性曲线方程进行联合分析,并综合考虑蒸汽发生器的饱和蒸汽压力等相关因素影响。

在数值系统方面,首先,从二回路控制系统的功能实现及运行性能出发,重点考虑蒸汽发生器的水位控制与给水控制、汽轮机的转速-功率控制、冷凝器的水位控制、凝结水泵的转速控制等设备级控制特性;然后,利用仿真软件对设备级数值模型进行建模与标准化封装;最后,将封装好的设备级数值模型按照二回路系统体系结构进行有机连接,形成二回路控制系统数值模型。

2.模型自优化

(1)基本方法

模型自优化主要通过对数值模型特征参量相关的运行数据与海洋环境特征参量进行数据融合,并基于运行数据挖掘,实现数值模型的持续自优化。具体包括以下三个步骤:

① 将数值模型特征参量相关的运行数据进行采集,并将其与海洋环境特征参量进行数据融合,通过规范化、标准化、结构化处理和汇聚后,形成运行数据库。

② 如图3.7所示,通过对运行数据库的持续数据挖掘,不断修正数值模型特征参量的阈值范围与影响权重,逐渐建立适应当前海洋环境条件的、更加准确的优化数值模型。首先,根据当前数值模型对实时特征参量进行分析评估,得到设备状态的模型评估结果,连同当前特征参量、人工评估结果一起汇入运行数据库;然后,将模型评估结果与实时的人工评估结果进行对比,并对这种差异进行基于运行数据库的数据挖掘分析,根据分析结果对数值模型特征参量的阈值范围与影响权重进行修正;最后,随着运行数据库的逐渐积累,数值模型特征参量的阈值范围与影响权重不断被修正,数值模型评估结果与人工评估结果的差异渐渐缩小,数值模型逐渐成长为适应当前海洋环境条件的优化数值模型。

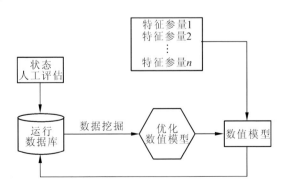

图 3.7　基于运行数据挖掘的数值模型自优化

③ 基于优化数值模型,实现运行状态的综合评估与趋势分析,并为其预测性维修与故障追溯提供依据。随着运行数据库的积累,将逐渐形成规范统一的数值模型集,为我国核动力船舶设计优化提供重要技术支持。

(2)具体示例

以二回路控制系统蒸汽发生器数值模型为例,融合海洋环境因素,基于运行数据挖掘,探索设备级数值模型的自优化技术路线。具体包括以下步骤:

① 搭建数据库服务器,对蒸汽发生器数值模型特征参量相关的运行数据(蒸汽发生器传递热量、给水流量、蒸汽流量、传热管外径、传热管节径比、水位、饱和蒸汽压力等)与海洋环境特征参量(海洋环境下蒸汽发生器所在舱室的温度、湿度、振动、纵摇、横摇、艏摇等)进行数据融合,通过处理和汇聚形成蒸汽发生器的运行数据库。

② 搭建数据挖掘服务器,对蒸汽发生器运行数据库进行数据挖掘,基于自适应神经模糊推理技术,利用 Matlab/Simulink 的 ANFIS 工具箱构建 Sugeno 型模糊推理系统,ANFIS 隶属度函数选择 Trimf 三角型,ANFIS 参数优化使用最小二乘法和反向传播的混合算法,通过对运行数据库进行离线或在线训练,对蒸汽发生器数值模型进行不断优化。

③ 基于信息集成与联调联试实验室搭建模拟环境,对数据库服务器、数据挖掘服务器等硬件环境以及数据挖掘分析软件进行联调与测试,完成后在海洋核动力平台上进行工程应用。

3.1.4 故障预测与反馈

通过数值建模与自优化过程,逐渐形成完善的数值设备与数值系统,再通过统一模型架构有机结合形成数值平台,可以实现对海洋核动力平台运行状态的综合评估,并可进行各系统状态趋势分析、故障预警、预测性维修,有效降低其突发故障概率。同时,基于云部署可以将海洋核动力平台与其设计单位、业主单位、建造单位及设备厂家紧密高效联系起来,进行实时的多维度经验反馈。

1.故障预测

故障预测主要通过数值设备进行状态评估,实现异常检测、故障分类、健康状态分级、故障预警等功能,有效提高设备运维效率。

(1)异常检测

基于智能故障诊断实现设备异常检测功能,通过采集现场设备中的传感器数据,并通过异常检测算法对设备进行监测与分析,当异常和故障发生时能实时报警。

设备异常检测首先选择对故障诊断有指示性的性能指标,并形成特征向量。例如对于发动机检测,可以选择发热、振动等形成特征向量$[x_1, x_2, \cdots, x_n]$。对于数据中心服务器检测,可以选择内存使用率、CPU 负载、网络拥塞情况等形成特征向量$[x_1, x_2, \cdots, x_n]$,也可构建一些特征比如内存使用率 /CPU 负载作为新的特征。

然后,针对选择的特征,收集其历史数据,形成训练样本。对于 m 个样本,每个样本包含 n 个特征,则可形成一个 $m \times n$ 维的训练样本矩阵,其中 x_j^i 代表第 i 个样本的第 j 个特征。

最后,训练检测模型。通过机器学习的经典算法,以收集的训练样本训练一个适合异常检测的模型。基础检测模型有多种,例如高斯分布、多元高斯分布等。对于高斯分布,需要选择两个参数 u、σ,通过收集到的训练样本进行参数估计:

$$\left. \begin{array}{l} u_j = \dfrac{1}{m} \sum_{i=1}^{m} x_j^i \\[3mm] \sigma_j^2 = \dfrac{1}{m} \sum_{i=1}^{m} (x_j^i - u_j)^2 \end{array} \right\} \quad (3.1)$$

并形成检测数值模型:

$$p(x) = \prod_{j=1}^{n} p(x_j; u_j; \sigma_j^2) = \prod_{j=1}^{n} \frac{1}{\sqrt{2}} \exp\left[-\frac{(x_j - u_j)^2}{2\sigma_j^2}\right] \quad (3.2)$$

对于新得到的设备检测数据,按同样的模型进行预测。

选择一个检测阈值 ε,若 $p(x) < \varepsilon$ 则判定为故障数据,若 $p(x) \geq \varepsilon$ 则判定为正常数据。

对于 ε,可以根据经验选择,也可以将现有的数据分为训练数据、交叉验证数据、测试数据,然后分别进行假设检验来确定。

设备异常检测方法应用模型、计算相对简单,需要数据量少,不需要对样本进行标记,对于各类设备故障均具有一定的检测效果,对设备是否存在故障可进行快速判断,适用于设备日常监测和故障初步检测。

(2)故障分类

设备异常检测只能对设备是否存在异常进行判定，在智能故障诊断中属于检测的初级阶段，无法对数据中体现的故障的确切位置以及类型进行精准定位。为了实现故障的精准定位，还需要对发现异常的数据进行进一步分析。

数值平台收集了大量的历史运行数据以及各类系统、设备的基础模型，基于上述数据在智能故障诊断中实现平台设备故障的分类功能。设备故障分类对收集的大量历史故障数据进行建模，并通过故障分类模型对运行数据进行检测，对运行数据中隐藏的信息进行挖掘，通过支撑向量机、神经网络等技术对运行数据进行分类，分析故障信息并对数据进行故障种类分类，达到运行故障的精准检测和定位。

实际应用中，由于设备故障分类需要的计算量可能比较大，平台各系统、设备会产生大量的实时运行数据，直接使用设备故障分类对运行数据进行故障分类的效率较低，可先通过设备异常检测对运行数据进行基础检测，检测数据是否存在异常，对于存在异常的数据再使用设备故障分类进行具体故障的精准检测和定位，达到快速检测异常并定位故障的目的。

（3）健康状态分级

设备健康状态分级是对平台重要设备健康状况进行分级，根据具体运行参数以及历史经验数据，将设备分为优秀、良好、一般、故障4个等级。对处于优秀状态的设备持续关注其健康状态；对处于良好状态的设备重点关注，并考虑维护；对处于一般状态的设备重点关注并进行有效维护；对处于故障状态的设备，及时维修并持续检查。

设备健康状态分级通过数值平台中的数据，针对特定的重要设备，通过对其历史数据进行分析，将该设备历史运行数据分为四类（优秀、良好、一般、故障）并形成训练样本集合。通过训练样本集合结合数值平台中的基础模型，运用神经网络等技术进行训练得到设备健康状态分级分类模型。通过训练得到的模型对运行数据进行分类，对于新得到的运行数据，将其输入模型，利用模型对其进行分类，得到的分类结果即设备的健康状态。

通过对设备健康状态进行分级，然后采取不同的运行维护策略，达到运维资源的合理分配。部分设备重点维护，有效提高运行维护效果，增强平台安全性。

（4）故障预警

设备故障预警即对平台重要设备的故障进行提前预测并报警。通过分析设备实时运行数据并结合历史数据及运维经验,基于回归分析、数据挖掘等技术,对设备的一系列重要参数进行预测,并进行综合分析,预测设备故障。设备故障预警基于数值平台中的数据,针对特定的重要设备,通过对其历史数据进行分析,分析设备参数之间的相互影响、共线性、转移概率等,结合数值平台中的基础模型选择故障预测模型,并通过历史运行数据对模型进行训练,得到最优化模型。设备故障预警通过该模型结合设备实时运行数据,对设备未来运行数据进行预测,并将预测结果输入设备异常检测、故障分类、设备健康状态分级模型中,达到预测设备未来健康状态的目的。

设备故障预警可实现设备故障提前预知,提前做出干预措施,避免部分故障,对于未能避免的故障,可以提前准备并及时排除,缩短故障排除的反应时间,对于事故的预防、处置具有重要意义。设备故障预警能极大提高平台的安全性和运行连续性,增加平台经济效益。

2. 经验反馈

经验反馈主要基于通过在海洋核动力平台及其设计单位、业主单位、建造单位及设备厂家的数据云部署,实现运维系统的多方同步维护。如图 3.8 所示,海洋核动力平台上传运行数据,获取平台运行中的故障预测与远程支援反馈;设计单位上传设计方案与初始资料,获取设计过程中的优化建议与方案迭代反馈;设备厂家上传生产调试与更新升级数据,获取设备制造过程中的改进优化建议;建造单位上传安装调试信息,获取建造过程中的工艺改进建议;业主单位上传运营指标状况,获取运营过程中的生产运维分析。因此,经验反馈设置可以在多维度上寻求海洋核动力平台及其设计单位、业主单位、建造单位及设备厂家的利益共同点,在实现过程中具备较高的可行性。

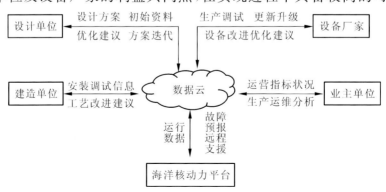

图 3.8　数值平台经验反馈示意图

3.1.5　信息安全部署

1.信息安全解决方案

海洋核动力平台重点实现全网设备安全监控、流量行为监控、安全事件监控、安全风险监控等,形成全局安全的信息安全体系,其架构如图 3.9 所示,由数据采集层、功能层、数据库层、展示层等组成,可实现信息安全数据的采集、分析和展示。

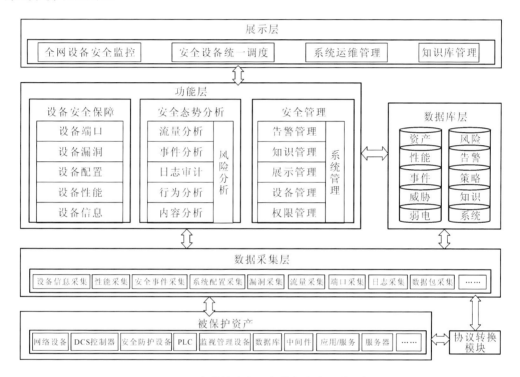

图 3.9　海洋核动力平台信息安全系统架构

（1）数据采集层

数据采集层采集被保护资产的日志信息,采集对象如表 3.1 所示。

表 3.1　采集对象

类型	设备名	属性	示例
网络设备	交换机	操作运维信息	管理员登录、注销,修改设备具体配置
		性能与状态信息	设备资源如 CPU、内存利用率,端口使用状况,设备启动与停止
		流量数据包信息转换为 vflow	流量信息的目的地址、源地址、协议、端口等转换为 vflow 信息
		入侵行为事件数据包	对已发现的入侵行为,存储对应的原始数据包

续表 3.1

类型	设备名	属性	示例
安全设备	工业防火墙	系统操作及状态日志	管理员登录、注销,修改设备具体配置
			设备资源如CPU、内存利用率;端口使用状况、设备启动与停止、访问控制列表维护
		安全事件信息	访问连接阻断信息,如非法端口访问连接、恶意扫描连接
	VPN	用户认证信息	某用户多次认证失败
		系统操作及状态日志	管理员登录、注销,修改设备具体配置、内存利用率、设备启动与停止
	工控异常监测系统	系统操作及状态日志	管理员登录、注销,修改设备具体配置。设备资源如CPU、内存利用率、设备启动与停止系统更新,如规则库更新
		异常事件告警信息	检测到恶意扫描、入侵等黑客攻击行为,以及异常指令操作、异常访问关系等的告警
	运维审计系统	系统操作及状态日志	管理员登录、注销,修改设备具体配置。设备资源如CPU、内存利用率、设备启动与停止系统更新,如规则库更新
		安全审计事件告警	管理员账号被非授权人员使用
	操作站安全管理系统	操作及状态日志	管理员登录、注销,修改系统具体配置策略
		安全事件告警信息	员工试图安装被禁止的软件
		安全事件信息	使用非安全U盘进行拷贝操作;非授权终端多次尝试接入网络
主机设备	服务器	系统操作及状态日志	用户登录和注销信息、安全配置策略更改、目录访问日志、系统补丁信息
现场设备	PLC	可用性信息	CPU占用率、每秒包数、每秒读取指令数、每秒控制指令数、每秒错误指令数
	DCS	可用性信息	CPU占用率、每秒包数、每秒读取指令数、每秒控制指令数、每秒错误指令数
操作站	操作员站	系统操作及状态日志	管理员登录、注销,修改系统具体配置策略
	工程师站	安全事件告警信息	员工试图安装被禁止的软件

（2）功能层

① 设备安全保障

设备安全保障实现服务器、网络设备、安全防护设备、现场控制设备等的安全监控,全网工控设备划分为多个物理或逻辑的区域,以网络拓扑图的形式展现,如图3.10所示,可支持设备自动拓扑发现,能够将被管理设备进行分组、分域的统一维护。设备的通断性可直观展示为连接线的颜色变化,安全状态可通过展现层中的概要、状态、管理等信息进行查看,也可查看设备的性能、发生的安全事件、告警、漏洞、风险、配置基线核查结果、接口状态。

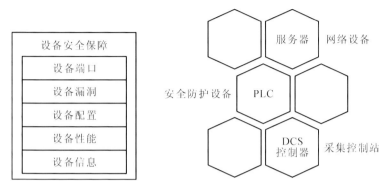

图 3.10　设备安全保障原理图

② 流量分析系统

流量分析系统用于进行流量异常分析,流量异常分析是指通过引擎抓取整个网络中的数据包,并使用应用程序指纹(协议识别)、NetBIOS、操作系统、资产信息、用户身份识别、行为分析和网络性能指标等对这些流数据进行整理,从而形成 vflow,以 vflow 为主体进行分析与安全检测。通过采集网络中的流信息,对全网的流行为进行多维度分析,并可视化展示。流量分析系统部署图如图 3.11 所示。

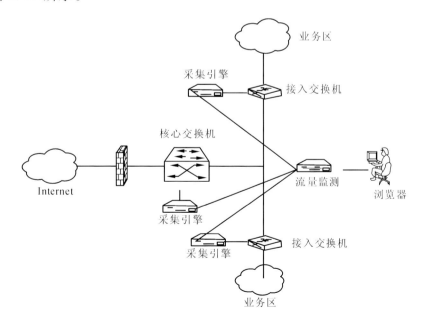

图 3.11　流量分析系统部署图

③ 日志审计系统

在数据中心服务器上部署日志审计系统。日志审计系统可以直接采集管理对象的日志信息,实现对日志的集中化存储、备份、查询、审计、告警、响应,以及出具报表报告。日志审计系统部署图如图 3.12 所示。

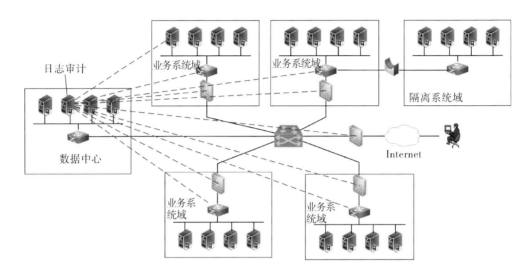

图 3.12　日志审计系统部署图

④ 漏洞扫描系统

漏洞扫描系统可基于已知的安全漏洞特征,对服务器、网络设备、安全防护设备、现场控制设备等多种系统进行扫描、识别,为海洋核动力平台提供完善的漏洞分析检测,其原理图如图 3.13 所示。

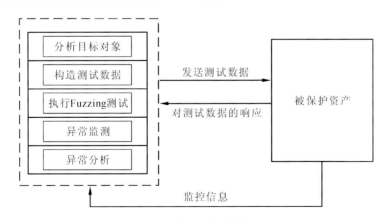

图 3.13　漏洞扫描系统原理图

该系统主要基于 Fuzzing 技术,通过向海洋核动力平台的被保护资产发送预先精心设计的带有攻击性的测试数据,监视返回的结果是否异常来发现被测对象的安全漏洞。

（3）数据库层

系统采用内置的数据库，通过内置数据库的数据优化可实现分布式的数据存储、数据分析、数据查询功能，并具有灵活的性能扩展能力，更加满足大数据环境下的数据分析要求，其原理图如图 3.14 所示。

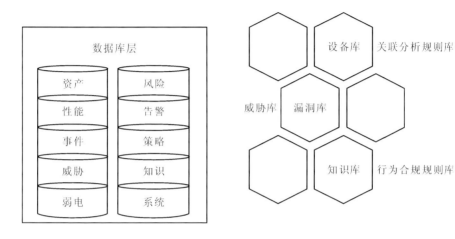

图 3.14　数据库层原理图

（4）展示层

全网工控设备安全监控分为 4 个层次的展示界面，其示意图如图 3.15 所示。

① 第一层

第一层次主要向现场监控人员展示设备拓扑图、设备通断情况、设备重大安全事件报警等。

② 第二层

第二层次主要向设备运维人员展示设备拓扑图、流量情况、通断情况、安全事件详情和统计图表等。

③ 第三层

第三层次主要向生产安全管理人员展示整体安全日志信息、信息安全事件分布、风险统计和趋势、设备漏洞和配置问题、入侵流量情况等。

④ 第四层

第四层次主要向决策人员展示安全状态，包括信息安全事件分布、风险统计和趋势、安全生产管理以及高级安全事件处理分析等。

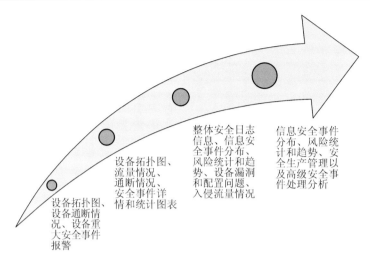

图 3.15　展示层示意图

2. 典型系统信息安全部署

综合平台管理系统作为海洋核动力平台的信息采集与汇聚中心,其信息安全部署采用合理划分安全等级、科学设计防护深度的设计原则,按照信息安全等级保护三级要求进行建设,并将综合平台管理系统划分为监视管理域、采集控制域、数据中心域、安全管理域,进行分域防护。

综合平台管理系统信息安全部署图如图 3.16 所示,其中工业防火墙、下

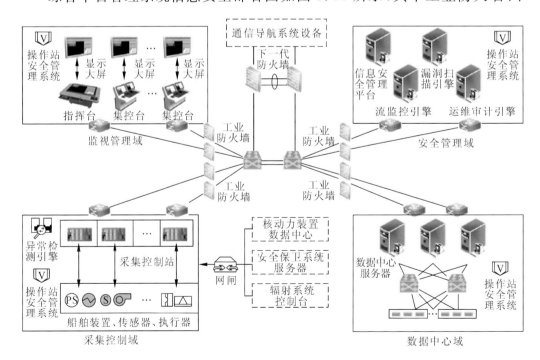

图 3.16　综合平台管理系统信息安全部署图

一代防火墙、网闸布置在域的边界,构成边界隔离防护体系;异常检测引擎、操作站安全管理系统布置在域内,构成域内异常监测体系;运维审计引擎、流监控引擎、漏洞扫描引擎、信息安全管理平台布置在安全管理域,构成统一安全管理体系。

3.2　数值平台建设模式

数值平台建设涵盖海洋核动力平台全生命周期,主要包括设计阶段、建造阶段、运维阶段和退役阶段,各阶段任务划分如图 3.17 所示。

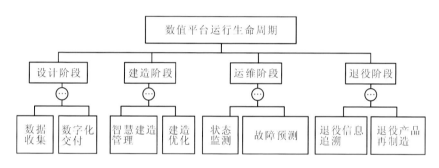

图 3.17　各阶段任务划分

3.2.1　设计阶段

数值平台设计阶段的任务是根据工程自身特性确定各系统的重要设备,并收集这些重要设备的过程资料,然后对这些资料进行需求整理,将收集的静态信息进行数字化创建并交付验收。因此,数值平台设计阶段主要分为数据收集和数字化交付两个阶段。

1. 数据收集

数据收集阶段围绕数值平台确定的重要设备搜集其设计、生产、出厂前调试(试验)等过程资料,包括设备原理图、出厂试验项目清单等,同时,根据重要设备的原理模型、运行经验等相关文献,确定与之运行密切相关的状态参数,并确定状态参数的测量方案,全面掌握设备出厂前后的设计属性、制造属性、试验属性。数据收集阶段示意图如图 3.18 所示。

数据收集阶段的目标是建设一套平台监测系统网络化信息管理平台,将工程设施现场测量数据(如环境监测数据、平台设施监测数据、装备系统监测

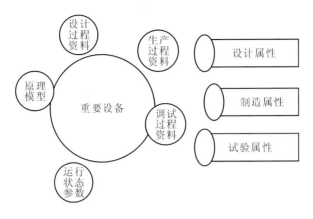

图 3.18　数据收集阶段示意图

数据等）进行数据储存、处理和分析,对设施在特殊环境下的状态开展评估和评价,以达到预报可能出现的各种风险,帮助下一步制定符合现场情况的操作策略,同时对设施在灾害环境下可能发生的风险进行较为准确的评估。数值平台建设期间,要求主要以平台关键、重要系统为目标,接入监测系统的采集数据作为业务对象,同时,要求该管理平台考虑具备接入未来新建设施采集数据的拓展能力。

2. 数字化交付

数字化交付区别于传统工程设计(以纸介质为主体)的交付方式,它是通过数字化集成平台,将相关设计成品以标准数据格式提交给业主的成品交付方式,数字化交付也称为数字化移交[7]。

数字化交付阶段的首要任务是需求整理,需要对各专业统计的状态参数进行整理,分析关键设备选型的技术指标要求,进一步对设备厂家进行深入的有目的的数据收集和测量要求,提高设备基础数据的准确性和全面性,切实平衡交付过程的可靠性和经济性。需求整理根据统计信息确定状态参数的传输与处理方案,并对数据存储与处理软、硬件方案进行规划,可为数字化交付打下良好的基础。数字化交付阶段示意图如图 3.19 所示。

通过需求整理资料,制定数字化交付的规范和标准后,须要求设备厂家严格执行。数字化交付阶段涵盖交付规范制定、交付基础制定、交付方案制定、交付信息整合与校验、交付信息移交与验收。为了更好地组织数字化交付,需搭建一个独立、开放、标准的数字化交付平台,用于承载和管理数字化交付信息,并可与多种工程软件集成并兼容多种文件格式的信息管理系统。

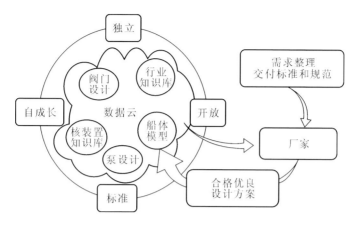

图 3.19　数字化交付阶段示意图

3.2.2　建造阶段

数值平台建造阶段的任务是将设备厂家交付的数据信息纳入数据库管理,通过工程信息的采集、校验、审查、处理和转换,将工程各设计阶段的文字资料、图纸以及合同采办、建造完工、验收等资料进行数字化整理,再与创建的工程模型进行有机关联,完成工程数据信息的集成,并形成后期日常更新与维护管理体系[8]。同时,若设备出现问题或需要改进,能通过技术手段快速定位问题根源与影响范围,找到解决措施,完善数据需求。

数值平台拟采用智慧建造模式,要求项目各参与方能协同工作,更好地共享信息,提高建造过程中信息创建质量和信息利用率,同时提高工程项目建设过程中的资源利用率,通过精细化管理,实现建造优化[9-10]。建造阶段示意图如图 3.20 所示。

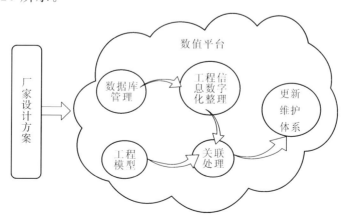

图 3.20　建造阶段示意图

1.智慧建造管理

数值平台智慧建造管理需建立项目全寿命周期管理理念,拟采用共享式的项目信息交流方式,如图 3.21 所示。实现智慧建造需要信息化手段支撑,需要结合船舶行业特点和核心业务来规划适用的解决方案。数值平台智慧建造信息化解决方案以项目管理为核心,数值平台信息模型为支撑,数据管理技术为持续改进和提升的基础,充分利用云计算、物联网和虚拟现实等先进技术,实现智慧建造,即利用现代化信息技术手段更好地创建、使用、管理、传递和共享信息,使得整个建造项目效益最大化,最终实现数值平台建造过程的智慧化。

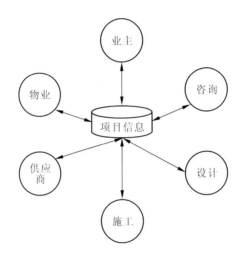

图 3.21　共享式的项目信息交流示意图

2.建造优化

数值平台建造优化是指在智慧建造管理的基础上,利用各种先进技术、方法和理论实现价值最大化的工程项目管理新模式。建造优化理念的诞生给工程项目管理领域带来新的契机,使工程项目的各参与方均有收益,主要包括以下内容:

(1)实现虚拟施工和方案优化。通过碰撞检测减少施工过程中的返工;运用设计阶段搜集的信息建立信息模型数据库,运用建模和历史运维经验信息真实地提供造价管理需要的工程量信息。

(2)结合数字化制造实现施工流程的自动化。通过数字化加工,准确完成设备构件的预制,这不仅减少了建造误差,并且大幅度提高了制造生产力。同时,对于没有建模条件的部位借助三维激光扫描技术获取模型信息,实现先进的施工管理。

（3）充分利用物联网技术提高现场管控能力。利用物联网技术针对重点部位和施工关键工序进行全阶段全部位的有效监控，实现信息化与工业化的有效结合，增强安全监控能力。

3.2.3　运维阶段

数值平台运维阶段的主要任务是对系统进行运行监测和维护管理，分析故障的发生对系统寿命的影响和寿命动态监测管理，通过系统部件的特征提取，诊断推理系统的异常监测情况，根据预测模型对系统当前状态进行准确的健康状态评估和部件寿命数据统计分析。这一阶段可划分为状态监测和故障预测两部分。

1. 状态监测

状态监测即通过对处理后的数据根据模糊逻辑进行阈值判断，并对判断结果和特征数据进行多层次多角度的可视化，展现全生命周期系统状态监测数据。数值平台运维阶段需建立在线监控系统，对各舱室、系统、核心部件和环境等状态进行建模，建立以数据驱动为中心的面向对象的智能实时监测系统和推演模型。提取环境中运行状态各群体间的关联分析，进行推演、评估、预测，实现多目标、多层次、多环节优化管理。

数值平台状态监测过程如图 3.22 所示，对海洋核动力平台设备状态数据、采集数据和预处理后的数据进行信息的集中分析并采用直观的表达方式进行多层次、多角度数据展示，提供友好的人机交互界面，实现设备异常和故障监测功能。状态监测主要是将这些数据同预定的失效判据等进行比较来监测系统当前的状态，并且可根据预定的各种参数指标极限值／阈值来提供故障报警能力[11]。具体内容包括：

（1）建立初始数值模型。将数值平台采集数据、设备状态数据和预处理数据收集后，对舱室、系统、核心部件和环境等状态进行初始建模，建立以数据驱动为中心的面向对象的初始数值模型。

（2）自主认知发现。寻找系统间的运行规律和特点，进行多智能体的相互学习、分享和检验，深入挖掘系统的关联性，实现多层次的自主规则认知。

（3）状态评估预测。提取根据系统运行状态建立的特征信息，推理预测系统或部件的未来预期表现，实现系统状态预测。

（4）检验评估发现。通过数据分析和统计检验手段判断预测模型的准确性，对准确性较低的模型继续探究体系规则和关联关系，进行模型检验的成果评估。

（5）数值模型优化。根据检验评估结果，不断修正初始数值模型，逐渐建立适应当前环境条件的、准确的状态评估模型。

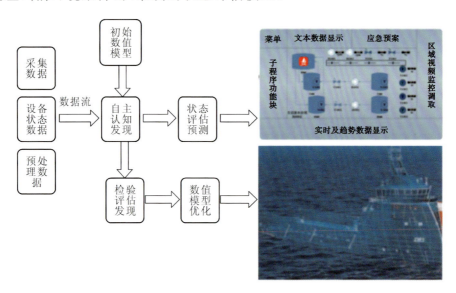

图 3.22　数值平台状态监测过程

2.故障预测

故障预测即通过智能感知终端从海洋核动力平台系统的各个层次获得监测数据，然后形成诊断和预测分析，最后给出系统的剩余寿命分布、性能退化程度或任务失效的概率，从而为维护计划提供决策信息的方法[12]，目前故障预测方法主要基于模型、数据驱动和统计可靠性实现，其技术体系框架如图 3.23 所示。

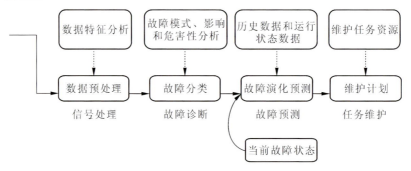

图 3.23　故障预测技术体系框架

关于故障预测方法的分类,从目前主流的技术和应用研究综合分析,主要可以分为以下两类:

(1)基于模型的故障预测技术。通过建立不同于平台各级对应的应用模型,根据实时监测模拟平台的操作运作情况,融合大量的算法,利用数据代入到算法而使训练出的模型具有个体特征,从而可以反映部件的运行状态和活动参数,建立模型预测算法,研究不同类型数据和不同部件、系统解决某一类问题的能力,运用数据解析分析预测部件、系统的运作机理和操作特性。

(2)基于特征的故障预测技术。故障预测系统接受来自不同状态监测模块以及其他健康评估模块的数据,主要评估被监测系统的健康状态,可以产生故障诊断记录并确定故障发生的可能性[13]。

3.2.4　退役阶段

数值平台退役阶段的主要任务是规划退役方案,妥善处理并总结整个生命周期的状态,为后期新的工程做铺垫[14],具体包括退役信息追溯与退役产品再制造。退役信息追溯是指在产品的原料供应、仓储物流、回收管理等相关的业务环节制定记录制度,并采取合适的技术手段实时记录产品信息,可通过查询去追溯或跟踪产品;退役产品再制造是用先进的技术将废旧的退役产品进行彻底拆解,生产出具备新品性能质量的再制造产品,从而达到高效的重复利用,实现资源的高度可回收性[15]。退役阶段示意图如图 3.24 所示。

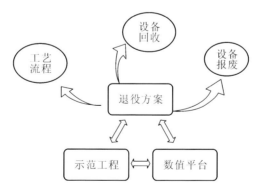

图 3.24　退役阶段示意图

4 海洋核能数值平台典型场景

  海洋核动力平台是海洋工程与核能工程有机结合的复杂系统工程,各系统智慧化设计深度不一,因此数值平台的建设需要结合各专业实际情况进行模块化推进。在实际推进中,以数值平台理念为引领,结合各专业及合作厂家的实际情况,具体问题具体分析,以点带面逐渐深入,抓住一切设计与科研契机稳步推进各系统数值平台建设。同时,在数值平台模块化推进中,需要根据数值建模目标,依托相关专业高校及研究所合作,建立初始数值模型,然后进行具体规划,促使其在调试运行过程中不断优化与成长,最终逐渐形成精准的数值模型集,发挥数值平台的价值。

  数值平台应用场景的模块化划分参考海洋核动力平台的实际工程,主要分为海洋环境数值模型、船舶系统数值模型、一回路数值模型、二回路数值模型、电力系统数值模型、安保效能数值模型、单点运行策略数值模型等。需要强调的是,由于现阶段海洋核动力平台仍然处于研发阶段,这些初始数值模型主要源于经验文献,并参照海洋核动力平台实际工程设计进行了适应性修改,因此只是作为数值平台的开端基础,精确度远未达到数值平台的最终要求,需要经过后期建造阶段、运维阶段和退役阶段等全过程数据的优化,才能形成最终精确的数值模型集,实现海洋核动力平台的智慧运维。

4.1 平台结构数值模型

  海洋核动力平台长时间在海洋环境中运行,船体结构在波浪中不断受到波浪产生的交变载荷作用,容易发生疲劳损伤,疲劳破坏是船体结构失效的主要模式之一。在船体结构的高应力区域处,构件连接部位的应力集中是产生船体结构疲劳损坏的主要因素。因此,需要根据船体结构承受交变载荷作用的情况,选择易发生疲劳损伤的典型船体与节点结构进行疲劳分析。通过建立典型结构数值模型,实现参数化建模,对典型结构件进行疲劳分析,并结合结构健康检测系统实时监测数据,预判结构件的疲劳寿命,以作为判断结构件是否需要维修或更换的重要依据。

4.1.1　平台结构建模机理

综合分析海洋核动力平台的结构特点,船体结构响应主要考虑建立船体总纵强度模型与船体疲劳强度模型。

（1）船体总纵强度模型

船体结构强度是指船体结构在规定条件下抵抗各种外力不致造成严重变形或破坏的能力。船体结构强度包括总强度和局部强度,其中总强度中的纵向强度（即总纵强度）是船舶设计、制造和使用过程中必须高度重视并密切关注的问题。总纵强度与波浪要素和船舶重量分布关系密切,如图4.1所示,由于本平台船体中部位置设有核动力装置,中部位置重量分布很集中,导致船体中垂状态比较突出,船体中部甲板处总纵弯曲应力较大。因此,需要对平台中部结构的总纵强度进行重点监测。

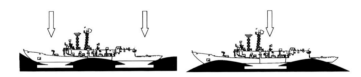

图4.1　船舶在波浪中的状态

在分析船体总纵强度时,通常将船体视作一变剖面的空心梁,船体因沿船长方向承受不均匀分布的重力与浮力而产生总纵弯曲。如图4.2与图4.3所示,作用在船体上的总纵弯矩和剪力分为静水弯矩与剪力和波浪弯矩与剪力两部分。

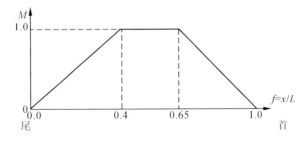

图4.2　波浪弯矩分布系数沿船长分布

由于平台中部波浪弯矩较大,船体中部甲板处总纵弯曲应力较大,船体梁发生总纵弯曲时,船体横剖面上除存在总纵弯曲应力外,还会产生剪应力。在距首尾端约1/4船长附近,船体剖面存在最大剪应力。

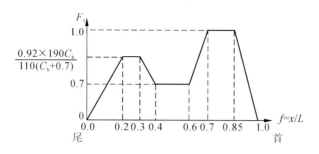

图 4.3　波浪剪力分布系数沿船长分布

根据船舶弯曲理论,船体破坏的弯曲应力为

$$\sigma = \frac{|\overline{M_s} + M_w|}{W_c} \times 10^3 \qquad (4.1)$$

式中,$\overline{M_s}$ 为静水弯矩;M_w 为波浪弯矩;W_c 为船体剖面模数。

由材料力学和船体结构强度理论可知,船体结构破坏通常满足第四强度理论,其相应的强度条件为

$$\sigma_{eq} = \sqrt{\frac{1}{2}\left[(\sigma_1 - \sigma_2)^2 + (\sigma_2 - \sigma_3)^2 + (\sigma_3 - \sigma_1)^2\right]} \leqslant [\sigma] \qquad (4.2)$$

式中,σ_{eq} 为合成应力;σ_1、σ_2、σ_3 为三个方向的主应力;$[\sigma]$ 为许用应力。

应记录海浪的波幅、频率和波长,实时监测船舶弯曲应力,记录波浪和船体结构应力的映射关系并对船体弯曲应力进行评价,当弯曲应力值大于材料许用值时,则结构存在潜在风险。

（2）船体疲劳强度模型

船体疲劳寿命的监控基于线性累积损伤理论,其数学表达式为:

$$D = \sum_{i=1}^{l} \frac{n_i}{N_i} = 1 \qquad (4.3)$$

式中,l 为循环的总次数;n_i 为应力水平为 i 时循环的次数;N_i 为应力水平为 i 时循环至破坏时的次数。

因此,需要记录不同波幅、波长、波浪频率下船体结构的局部结构应力,建立对应关系,并以此应力为基础对结构疲劳进行监控。

4.1.2　船体结构初始模型

海洋核动力平台船体结构初始模型可根据结构形式分成许多典型类型,比如外板骨架模型、船底骨架模型、舷侧骨架模型、甲板骨架模型、水密舱壁

模型等,如图 4.4 所示。

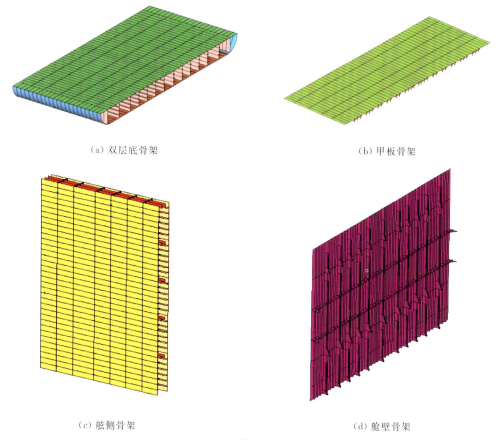

(a) 双层底骨架

(b) 甲板骨架

(c) 舷侧骨架

(d) 舱壁骨架

图 4.4   船体结构初始模型

以甲板骨架为例,通过编程语言 Python 开发甲板骨架数值模型,基于 ABAQUS 软件环境,可以根据得到的结果数据进行优化并给未来的监测方案提供依据,有效降低结构的安全风险。

(1) 几何模型

甲板骨架模型具体包括指挥甲板板、甲板纵桁、甲板强横梁三部分构件,其具体尺寸如表 4.1 所示。

表 4.1   甲板骨架构件尺寸

构件名称	甲板板	甲板纵桁	甲板强横梁
尺寸 /mm	24	T600×14+200×20	T600×14+200×20

甲板骨架几何模型包括由甲板板、甲板纵桁、甲板强横梁组成的几何模型,如图 4.5 所示。

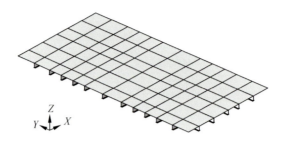

图 4.5 甲板骨架几何模型

（2）材料参数化

材料参数化包括材料密度、杨氏模量和泊松比三种数据。甲板骨架材料拟采用船用高强度钢，其具体设置如图 4.6 所示。

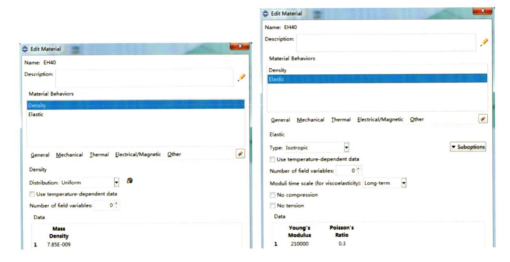

图 4.6 甲板骨架材料参数化具体设置

（3）网格模型

甲板骨架网格模型包含节点坐标信息和单元信息，通过 ABAQUS 软件自动划分实现，如图 4.7 所示。

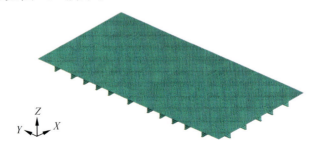

图 4.7 甲板骨架网格模型

（4）载荷参数化

甲板骨架的设计载荷一般采用计算压头表示,其参数化过程可通过特定的计算公式以均布压强数值实现,如图 4.8 所示。

图 4.8　甲板骨架载荷参数化实现

（5）应力模型

甲板骨架应力模型通过 ABAQUS Standard 求解器实现。图 4.9 为仅显示一种 Mises 应力云图的计算结果。

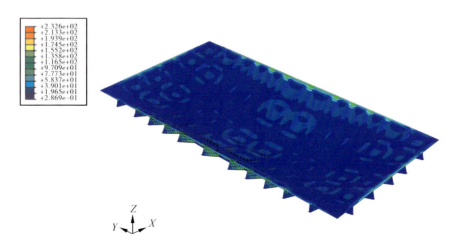

图 4.9　Mises 应力云图

4.1.3　节点结构初始模型

海洋核动力平台主船体结构是采用结构件焊接而成,包括板材、T型材、球扁钢、肘板等。其中,肘板是十分常见的结构连接件,普遍应用于主船体结构,可避免承力构件(如纵梁、横梁)因端部弯矩过大而造成结构件损坏。海洋核动力平台结构中主要采用三角形肘板,肘板趾端处容易造成应力集中,是出现疲劳损伤的主要区域之一。以图4.10(a)为例,基于ANSYS有限元计算软件,建立其疲劳分析数值模型。

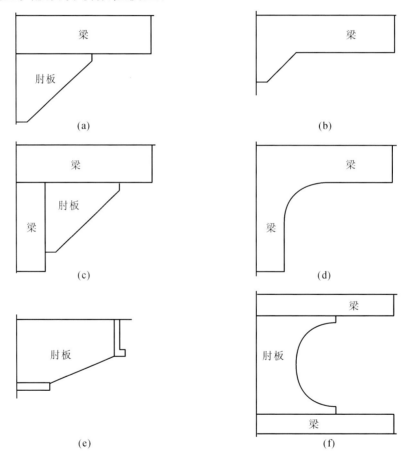

图 4.10　船体典型节点结构

采用 APDL 语言进行参数化建模,并实现人机交互,对不同尺寸、不同材料的结构件在多种载荷组合工况下的疲劳寿命进行分析。典型节点结构尺寸如图4.11所示。首先进行静力计算,提取最大应力节点位置,然后选取结构件材料的 S-N 曲线,对高应力处进行疲劳分析。

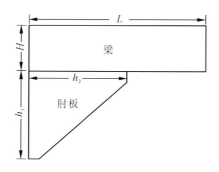

图 4.11　典型节点结构尺寸

（1）几何模型参数化

根据图 4.12 所示的提示窗口，输入梁和肘板的结构尺寸，软件将自动生成几何模型，并划分网格。

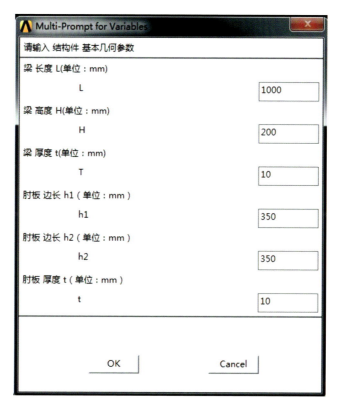

图 4.12　几何模型参数化

（2）材料模型参数化

核动力平台船体结构设计选用了几种不同的钢材。针对不同的结构材料，将材料参数输入提示窗口，赋予结构模型不同的材料属性，如图 4.13 所示。

图 4.13　材料模型参数化

（3）载荷模型参数化

典型结构件的边界条件和载荷组合如图 4.14 所示。结构件右端为固支约束，梁上方施加压强 P，梁右端施加拉力 T，图 4.15 所示为输入载荷大小的提示窗口。

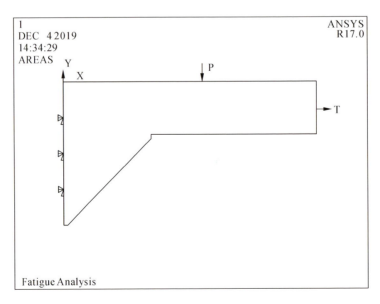

图 4.14　典型结构件的边界条件与载荷组合

图 4.15   输入载荷大小的提示窗口

（4）实例展示

为验证自编程序的可行性，可进行实例计算，以下为计算模型的输入参数。结构件尺寸：梁长度 $L = 1000\text{mm}$，高度 $H = 200\text{mm}$，厚度 $t = 10\text{mm}$；肘板边长 $h_1 = 350\text{mm}$，边长 $h_2 = 350\text{mm}$，厚度 $t = 10\text{mm}$。载荷组合：$P = 2\text{MPa}$，$T = 0$。材料属性：弹性模量 $E = 2.1 \times 10^5 \text{MPa}$，密度 $\rho = 7850\text{kg}/\text{m}^3$，泊松比 $\gamma = 0.3$。

基于 ANSYS 软件，运行自编程序，自动生成的结构件有限元模型如图 4.16 所示，最后得到的计算结果如图 4.17、图 4.18 所示。通过结果分析可知，

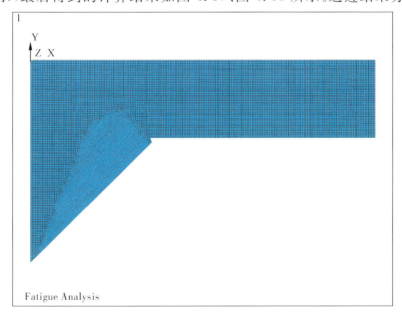

图 4.16   结构件有限元模型

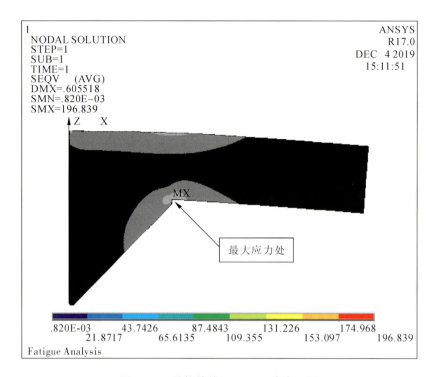

图 4.17　结构件的 von mises 应力云图

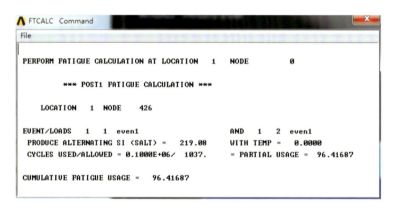

图 4.18　结构件最大应力处疲劳分析结果

肘板趾端处出现应力集中现象,应力水平达到最大值。对结构件的应力集中处进行疲劳分析,可预报其疲劳寿命为 1037 次。

4.1.4　支撑结构初始模型

反应堆压力容器通常采用支撑结构来承载与固定,支撑结构一方面要承载反应堆压力容器的内容物及相关机构、结构产生并传递的载荷,同时还要限制反应堆压力容器在各个方向上的位移。海洋核动力平台长期处于复杂海洋环境条件下,必然受到风、浪等因素的影响,时常发生横倾、纵倾、横摇、纵摇或垂荡等情况,须考虑的外部事件与陆上核电厂不同(不考虑地震),反应堆压力容器支撑结构所考虑的冲击可能来自纵向、横向、垂向方向。因此,需要建立描述反应堆压力容器支撑结构的力学模型,并结合设计工况下支撑结构的受力状态,分析评定支撑结构危险截面或区域的应力水平,以保证反应堆压力容器支撑结构的安全性及可靠性。

针对海洋核动力平台的反应堆压力容器支撑,开展对支撑裙力学评定,包括:设计输入、分析方法、判定准则、评定结果。研究支撑裙在海洋环境条件下(冲击、摇摆、倾斜)复杂受力状态,获得相应的载荷处理方法,构建出合适的力学评价程序,为海洋核动力平台安全服役提供安全保障和技术支持。力学评定从四个方面入手:首先找出内、外部事件与工况间的关系和设计输入组成;其次摸索适合反应堆压力容器支撑裙的力学模型,选择合适的模型得到载荷数值和加载方法;再次分析支撑裙失效模式,建立评定准则,并构建适用的有限元模型,计算应力、应变等数据;最后依据标准及规范或建立的评定准则,判定力学评价结果。

(1) 结构描述

海洋核动力平台反应堆压力容器支撑采用支撑裙结构,为一圆柱筒体,其上端、下端分别于压力容器接管段及安全壳底板处焊接,两道焊缝均为全焊透结构。支撑裙筒体上设有 4 个进水孔及 12 个排气孔,在堆芯熔融滞留等严重事故时保持压力容器下封头处于淹没状态,防止下封头被熔穿,便于底部屏蔽安装与支撑裙焊接、热处理、无损检测操作。反应堆压力容器支撑裙结构简图如图 4.19 所示。

(2) 支撑数值模型

由图 4.19 可知海洋核动力平台反应堆压力容器支撑裙结构为一回转壳体结构,其筒体壁厚很薄($t/R \leqslant 5$)。若采用实体单元进行划分,则因筒体壁厚方向所需单元数较多(多于 3 层),同时支撑裙周向尺寸较大且载荷非对称,而导致网格数量庞大,受限于现有计算机硬件条件的限制,故采用 Shell281 8Node 单元。

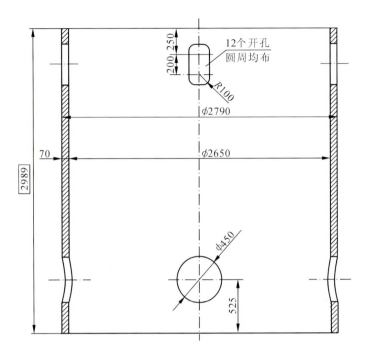

图 4.19　反应堆压力容器支撑裙结构简图

采用 Shell281 单元进行网格划分,并定义 Shell281 单元的 Section(即截面系数,壳体厚度为 70mm),网格划分方法采用自由网格,可得到压力容器支撑裙的有限元模型,如图 4.20 所示。同时,根据堆本体设备及结构的重心位置设定一节点并用 Mass21 单元进行划分。

图 4.20　支撑裙有限元模型

　　由于堆本体设备及结构构成的载荷作用于支撑裙与压力容器的焊缝上,因此在支撑裙上部筒体边缘与堆本体重心间建立一刚性平面,以利于载荷的施加。建立的刚性平面如图4.21所示。

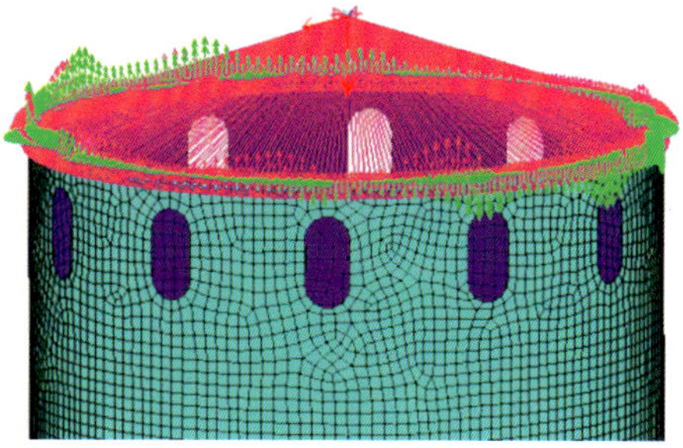

　　(3)应力数值模型

　　① 一次应力

　　由平衡压力与其他机械载荷所必需

图 4.21　支撑裙上部筒体边缘与堆本体重心间的刚性平面

的内力或内力矩产生的法向应力或剪应力称为一次应力。一次应力属于非自限性应力,达到极限状态,即使载荷不再增加,仍可产生不可限制的塑性流动,直至破坏。一次应力分为以下三类:一是一次总体薄膜应力 p_m,沿厚度方向均匀分布,影响范围遍及整个部件,一旦达到屈服点,整个部件发生屈服,应力不重新分布,一直到整体破坏;二是一次局部薄膜应力 p_L,其应力水平超过一次总体薄膜应力而影响范围仅在结构局部区域,局部应力区指经线方向延伸距离不大于 $1.0\sqrt{Rt}$,应力强度超过 $1.1S_m$ 的区域(R 为第二曲率半径,S_m 为材料的许用应力强度值);三是一次弯曲应力 p_b,即平衡压力或其他机械载荷所需沿厚度方向线性分布的弯曲应力。

　　② 二次应力

　　在外部载荷下,由于相邻构件间的约束或构件自身的约束产生的满足变形连续条件的法向应力和切向应力统称为二次应力 Q,其具有自限性。部件发生局部屈服和少量塑性变形就可以使变形协调条件得到部分或全部满足,从而限制塑性变形不再发展,并可以缓解以致消除产生的这部分应力。只要不重复加载,二次应力不会导致结构的破坏。在结构内的一次应力能确保安全承受外载以及材料有足够延性的前提下,二次应力水平的大小对结构承受静载能力无影响。只在循环和交变载荷下,二次应力会导致结构丧失安定。

　　③ 峰值应力

　　由局部结构不连续和局部热应力引起的叠加到一次应力和二次应力上的应力增加量,称为峰值应力 F。峰值应力不会引起明显的变形,一般同时具有自限性和局部性,其危害性是引起疲劳或脆性断裂。

④ 边界条件

因支撑裙下端与安全壳底板相焊接，故设支撑裙下端为固定约束(ALL DOF = 0)。因反应堆堆本体最大倾斜摇摆角度为 45°，纵倾角度为 10°，须根据角度施加堆本体质量。冲击载荷作用于堆本体形成的等效载荷为 $F_x = 3.5 \times 10^6 \text{N}$、$F_y = 1.85 \times 10^6 \text{N}$、$F_z = 1.23 \times 10^6 \text{N}$，并对支撑裙本体施加 2.5$g$(垂向)、1.5$g$(横向)、1$g$(纵向)的加速度。边界条件设置如图 4.22 所示。

图 4.22　支撑裙边界条件设置

图 4.23 所示为支撑裙位移云结果，图 4.24 所示为支撑裙应力云结果。

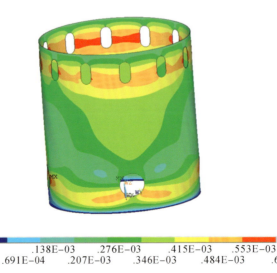

0		.138E-03		.276E-03		.415E-03		.553E-03	
	.691E-04		.207E-03		.346E-03		.484E-03		.622E-03

图 4.23　支撑裙位移云结果(单位:m)

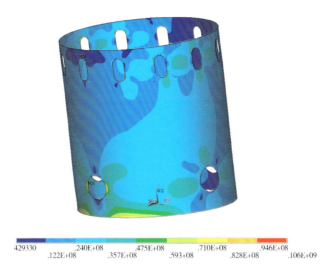

图 4.24　支撑裙应力云结果（单位:Pa）

应力最大值出现在下端人孔处,如图 4.25 所示。

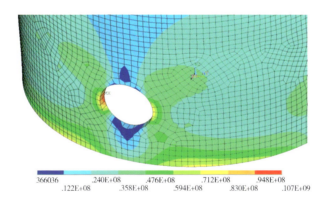

图 4.25　支撑裙下端人孔处应力云结果（单位:Pa）

4.2　空调能耗数值模型

空调系统作为海洋核动力平台重要耗能系统之一,其节能效应以及经济性是衡量海洋核动力平台效率的重要指标。与传统陆地建筑空调系统不同,海洋核动力平台由于其工作环境复杂,需要实时在线监测空调系统的工作情况,以使空调系统达到最优的工作状态。本节从节能环保的角度,建立空调系统的节能优化运行的数值模型,将主要能耗部件的能效之和确定为优化目标,通过优化设计进而指导优化平台系统设计。

4.2.1　空调能耗建模机理

在空调系统中,主要能耗部件包括制冷机、风机以及水泵,可根据其各自的特性通过不同形式公式来建立数值模型。

（1）制冷机的能耗模型

压缩机是制冷机组的主要能耗设备,按照传统的船舶能耗模型经验,制冷机组能耗主要受蒸发温度和冷凝温度的影响,主要是冷冻水和冷却水的供水温度[16]。以水冷式制冷机组为例,可通过最小二乘法建立制冷机的能耗模型,即:

$$W = \sum_{i=0}^{2} \sum_{j=0}^{2} a_{ij} (T_{\text{cws}} - \overline{T_{\text{cws}}})^i (T_{\text{chws}} - \overline{T_{\text{chws}}})^j \tag{4.4}$$

其中,W 为制冷机组能耗,kW;T_{cws} 为冷却水供水温度,℃;$\overline{T_{\text{cws}}}$ 为冷却水供水温度参数平均值,℃;a_{ij} 为温度回归系数,由制冷机实际性能决定;T_{chws} 为冷冻水供水温度,℃;$\overline{T_{\text{chws}}}$ 为冷冻水供水温度参数平均值,℃。

制冷机组实际运行中绝大多数时间是处于部分负荷,将部分负荷下制冷机的特性拟合成 4 次多项式的形式,即:

$$PLR = b_0 + b_1 \left(\frac{Q_{\text{chiller}}}{Q_{\text{nom}}}\right) + b_2 \left(\frac{Q_{\text{chiller}}}{Q_{\text{nom}}}\right)^2 + b_3 \left(\frac{Q_{\text{chiller}}}{Q_{\text{nom}}}\right)^3 + b_4 \left(\frac{Q_{\text{chiller}}}{Q_{\text{nom}}}\right)^4 \tag{4.5}$$

其中,PLR 为部分负荷率调整因素;Q_{chiller} 为制冷机实际运行总制冷量,kW;Q_{nom} 为制冷机满负荷下的名义制冷量,kW;b_i 为部分负荷修正系数,$i = 0,1,2,3,4$。

因此,可以得到制冷机组能耗模型如下:

$$P_{\text{chiller}} = W \cdot PLR \tag{4.6}$$

（2）冷冻水泵能耗模型

对空调系统进行优化,负荷侧需要满足流量可变,为了得到水泵曲线的数学表达式,可对冷冻水泵特性的测试数据进行多项式拟合[16],扬程特性拟合结果为:

$$H_{\text{chw,nom}} = a_2 m_{\text{chw,nom}}^2 + a_1 m_{\text{chw,nom}} + a_0 \tag{4.7}$$

其中,$m_{\text{chw,nom}}$ 为冷冻水泵的额定流量,kg/s;$H_{\text{chw,nom}}$ 为冷冻水泵的额定扬程,m;a_0、a_1、a_2 为拟合系数。

水泵在任意转速 n 下工作特性为:

$$\frac{H_{\text{chw}}}{H_{\text{chw,nom}}} = \frac{m_{\text{chw}}^2}{m_{\text{chw,nom}}^2} = \frac{n^2}{n_{\text{nom}}^2} \tag{4.8}$$

其中，H_{chw} 为冷冻水泵的实际扬程，m；m_{chw} 为冷冻水泵的实际流量，kg/s；n_{nom} 为冷冻水泵的额定转速，r/min。

变换上述公式，可得冷冻水泵特性曲线表达式为：

$$H_{chw} = a_2 m_{chw}^2 + a_1 m_{chw} \frac{n}{n_{nom}} + a_0 \left(\frac{n}{n_{nom}}\right)^2 \tag{4.9}$$

能耗模型为：

$$P_{CHWpump} = \frac{m_{chw} \cdot H_{chw}}{g_c \cdot \eta_{chw}} \tag{4.10}$$

其中，η_{chw} 为冷冻水泵工作点效率；g_c 为冷冻水泵流量扬程系数。

（3）冷却水泵能耗模型

冷却水系统中冷却水泵的流量和扬程关系按下式确定：

$$H_{cw,nom} = b_2 m_{cw,nom}^2 + b_1 m_{cw,nom} + b_0 \tag{4.11}$$

其中，$m_{cw,nom}$ 为冷却水泵的额定流量，kg/s；$H_{cw,nom}$ 为冷却水泵的额定扬程，m；b_0、b_1、b_2 为拟合系数。

冷却水泵扬程、流量在非额定转速 n 下的特性关系为：

$$\frac{H_{cw}}{H_{cw,nom}} = \frac{m_{cw}^2}{m_{cw,nom}^2} = \frac{n^2}{n_{nom}^2} \tag{4.12}$$

其中，H_{cw} 为冷却水泵实际扬程，m；m_{cw} 为冷却水泵实际流量，kg/s；n_{nom} 为冷却水泵额定转速，r/min。

部分负荷条件下冷却水泵特性曲线的表达式为：

$$H_{cw} = b_2 m_{cw}^2 + b_1 m_{cw} \frac{n}{n_{nom}} + b_0 \left(\frac{n}{n_{nom}}\right)^2 \tag{4.13}$$

冷却水泵能耗模型的数学表达式为：

$$P_{CWpump} = \frac{m_{cw} \cdot H_{cw}}{g_d \cdot \eta_{cw}} \tag{4.14}$$

其中，η_{cw} 为冷却水泵工作点效率；g_d 为冷却水泵流量扬程系数。

（4）能效优化模型

海洋核动力平台在热量传递的基础上，立足于空调系统的节能效应，提出空调系统优化设计控制策略。通过设置必要的传感器，实时监测系统和舱室情况，并将信号传输给主控室，一方面在平台发生意外（如火灾）时可立即切断风机，保证人员安全；另一方面，空调系统在保持人员舒适的前提条件下，最大限度地减小能耗。

在传统控制领域中,自适应控制、预测控制、模糊控制等算法跟PID一样,是控制算法(或者称为控制框架);而粒子群、遗传算法(类似的还有蚁群算法、神经网络、机器学习、深度学习、强化学习等)是优化方法。对于控制策略,控制框架一旦确定之后,控制器的设计问题就转为一个优化问题,所以对于智能控制算法,主要侧重于优化算法,用来优化参数,控制器往往采取较为成熟的控制框架。因此,可考虑将系统总能耗最小的性能指标作为优化目标:

$$\min P_{\text{total}} = P_{\text{chiller}} + P_{\text{CHWpump}} + P_{\text{CWpump}} \qquad (4.15)$$

4.2.2 空调能耗初始模型

海洋核动力平台整体上可分为三个空调区域:尾部生活区、堆舱区及首部工作区。其中,尾部生活区空调舱室较多,系统较为复杂;堆舱区空调系统负荷稳定,不适用于分析系统能耗;首部工作区空调系统相对独立,且空调舱室相对较少,可降低建模难度,因此选取首部工作区空调系统作为空调系统能耗数学模型建立的基础。

针对海洋核动力平台首部工作区空调系统,对主要设备如冷水机组、泵、空调末端(风机)等建立能耗模型,模型输入为环境参数、设备主要性能参数等,模型输出为设备输入功率。针对实测海洋环境条件,主要考虑海水温度与空气温度,对系统全年能耗进行计算,为能效综合评价提供基础。区域空调系统能效综合评价主要包括以下几个步骤:

步骤一:计算区域供冷系统的装机性能系数,并将其与装机性能系数限值进行对比,大于或等于限值时,进入下面的第二个步骤,继续对区域供冷系统运行能效评价;小于限值时,判定该区域供冷系统设计能效不达标,在此情况下进一步对各设备的设计能效进行分析,找出设计能效不达标的设备,并提出对能效不达标设备的更换建议,对相应设备进行更换,以确保区域供冷系统设计能效达标。

步骤二:在空调房间室内温度、湿度实时检测数据的基础上,计算区域供冷系统中各用冷舱室的新有效温度,并依据相应的同类建筑的新有效温度的限值来判定区域供冷系统是否达到热舒适性要求。若满足要求,进入下面的第三个步骤;否则,判定该区域供冷系统不满足热舒适性要求,并提出满足热舒适性要求的区域供冷系统各运行参数的调控建议,对区域供冷系统进行运行调节,直到区域内各舱室均满足热舒适性要求后方可进行下面的第三个步骤。

步骤三：计算用冷舱室新有效温度。对于单一功能的舱室，某一时刻的新有效温度是先对舱室内所有空调房间的温度与湿度的实测值按空调面积进行加权平均，得出整个舱室空调房间的温度与湿度平均值，然后用此温度、湿度平均值计算新有效温度。单一功能的舱室全年综合新有效温度是各时刻的新有效温度与其时间权重的乘积；对于多功能的舱室，先按单一功能舱室新有效温度的计算方法计算各功能区的某一时刻以及全年综合新有效温度，然后对整个舱室按空调面积加权平均计算多功能舱室某一时刻的新有效温度以及全年综合新有效温度。

（1）空调末端能耗

空调末端能耗主要集中于风机上，影响风机能耗的关键因素为风量和风压，风量是由空调末端所服务区域总的热负荷、容积、人数等来确定的，如图4.26所示。

服务区域／舱室长、宽、高
服务区域／舱室6个面传热系数
服务区域／舱室6个面外部设计温度
服务区域／舱室设备热负荷
服务区域／舱室设计温度
服务区域／舱室新风比
服务区域／舱室人员数

服务区域风量、冷量计算

风量 → 风机能耗计算 → 风机能耗
冷量

图 4.26　空调末端能耗模型示意图

海洋核动力平台空调系统风机为定频运行风机，其能耗为定值，能耗模型计算结果见表4.2。模型计算能耗与实际选型能耗误差小于10%，模型计算结果可接受。

表 4.2　风机能耗值

序号	服务区域	计算冷量 /kW	计算风量 /(m³/h)	风机计算能耗 /kW	选型 参数	选型 能耗 /kW	误差 /%
1	主控室	30.3	4952	2.1	5000m³/h，740Pa	2.2	4.8
2	电气间	36.1	5906	3.0	6000m³/h，840Pa	3	0
3	综合指挥中心	76.2	12469	14.2	13500m³/h，1720Pa	15	5.6

以主控室风机为例，可绘制其性能曲线，曲线上的各个点为风机的运行状态点，风机风压与风量基本呈反比关系，如图4.27所示。

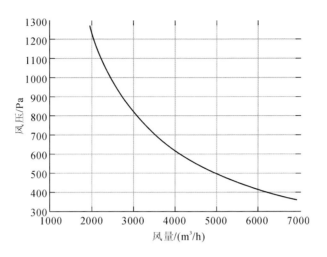

图 4.27　风机性能曲线

（2）冷水机组能耗

冷水机组能耗模型为关于冷却水进口温度 $T_{c,i}$ 以及负荷率 r 的三次多项式，考虑冷水机组能耗模型输入：设计冷却水进口温度 $T_{c,i}$ 为 $15 \sim 32℃$；冷水机组负荷率 r 为 $10\% \sim 100\%$。负荷率为各区域冷量之和与冷水机组额定制冷量之比。

冷水机组能耗模型如图 4.28 所示。可看出，冷却水温越高、负荷率越高，则冷水机组能耗越高。

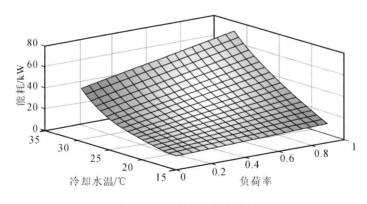

图 4.28　冷水机组能耗模型

（3）水泵能耗

空调冷水系统为定流量系统，故水泵选用定频泵，影响水泵能耗的主要因素有水泵效率、传动效率、电机效率、介质密度、水泵流量以及水泵扬程。本系统用冷水泵流量为 $40m^3/h$，扬程为 $48m$，可得 $W_{cwp} = 7.25kW$；热水泵流量为87m³/h,扬程为64m,可得 $W_{hwp} = 21.03kW$。以冷水泵为例,理想状态下(不考虑效率的变化)冷水泵性能曲线如图4.29所示。

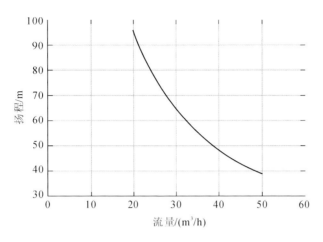

图4.29　冷水泵性能曲线

（4）系统全年运行能耗及其能效比

根据海洋核动力平台运行厂址全年实测海水温度数据,全年平均最高、最低海水温度以及最高、最低气温见表4.3。由表4.3可知,运行厂址最高气温为25.68℃,最低气温为−3.50℃,最高海水温度为30.7℃,最低海水温度为−1.7℃（冰点）。

从6月份到10月份,空调系统在制冷模式运行,此时系统冷水机组、风机和冷水泵运行;12月份到4月份,空调系统在采暖模式运行,此时热水泵与风机运行;5月份和11月份系统在过渡模式运行,此时仅风机运行。

表4.3　运行海域全年海温与气温

月份	1	2	3	4	5	6	7	8	9	10	11	12
最高 海温/℃	0.20	−0.30	4.90	10.60	19.60	24.60	28.00	30.70	25.20	17.40	11.40	3.30
最低 海温/℃	−1.70	1.70	1.70	5.30	12.80	18.80	24.10	25.80	19.50	12.10	5.10	−1.20
平均 海温/℃	−0.75	0.70	3.30	7.95	16.20	21.70	26.05	28.25	22.35	14.75	8.25	1.05
最高 气温/℃	4.47	2.36	3.49	7.33	13.45	18.92	24.14	25.68	23.25	19.44	13.94	8.63
最低 气温/℃	−1.49	−3.50	−0.47	4.38	9.54	15.61	20.83	22.25	20.28	15.21	9.49	3.54

续表 4.3

月份	1	2	3	4	5	6	7	8	9	10	11	12
平均气温 /℃	1.49	−0.57	1.51	5.86	11.50	17.27	22.49	23.97	21.77	17.33	11.72	6.09
运行模式	采暖	采暖	采暖	采暖	过渡	制冷	制冷	制冷	制冷	制冷	过渡	采暖

空调系统运行能耗如图 4.30 所示。全年最高能耗发生于 8 月份,为 93.6kW,最低能耗发生于 5 月份和 11 月份,为 23.3kW,全年运行总能耗为 4.5×10^5 kW。

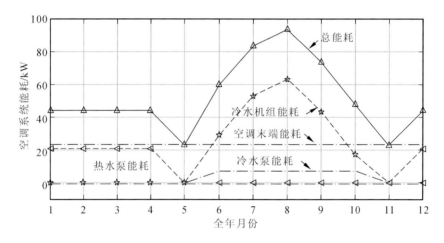

图 4.30 空调系统全年能耗曲线

4.3 火灾燃烧数值模型

由于海洋核动力平台长期系泊于海上,柴油机也是平台重要的电力供应设备,作为失去电源工况下的应急电源。柴油机发电机系统的柴油机组、燃油装置等含有大量燃油,有重大火灾隐患,如发生火灾可能给平台带来严重的安全威胁和财产损失。鉴于柴油机储存大量燃油以及燃料的易燃易爆性,以平台船用柴油机舱室布置为基础,利用 PyroSim 和 SmokeView 进行详细的火灾模拟分析,研究火灾燃烧对平台柴油机舱设备的影响。

4.3.1 火灾燃烧建模机理

(1)燃烧模型

燃烧模型可划分为混合组分燃烧模型和有限化学反应速度模型。混合组

分燃烧模型的燃烧反应公式可简化为:

$$v_F \text{Fuel} + v_{O_2} O_2 \longrightarrow \sum v_p \text{Products} \tag{4.16}$$

其中,v 为化学反应系数。

在模拟火灾场景中,如果只考虑火灾热效应,混合组分燃烧模型就可以满足求解要求。需要将有限化学反应速度模型引入计算的,就是在模拟过程中要研究火灾中生成的烟雾、CO_2、CO 等气体的浓度。通常油品等碳氢化合物简化后的燃烧公式为:

$$v_{C_xH_y} C_xH_y + v_{O_2} O_2 \longrightarrow v_{CO_2} CO_2 + v_{H_2O} H_2O \tag{4.17}$$

碳氢化合物燃烧的化学反应速率公式为:

$$\frac{d[C_xH_y]}{dt} = - B [C_xH_y]^a [O_2]^b e^{\frac{E}{RT}} \tag{4.18}$$

其中,B 为活化能反应指前因子;E 为反应的活化能,kJ/mol;R 为摩尔气体常数;T 为反应温度,℃;a、b 为反应量级。

(2) 热辐射模型

在热辐射的计算中,基于对无散射灰体气体的辐射传递方程进行修正后的有限容积法就是火灾动力学模拟软件使用的计算方法。在热辐射方程中,热辐射强度这个数值与波长有关,其求解运算方法与有限容积法相似[17]。热辐射求解采用的无散射辐射传递方程为:

$$\vec{s} \cdot \nabla I_\lambda(\vec{x}, \vec{s}) = \kappa(\vec{x}, \lambda)[I_b(\vec{x}) - I(\vec{x}, \vec{s})] \tag{4.19}$$

其中,$I_b(\vec{x})$ 为源项;$\vec{s}$ 为热辐射强度矢量;$\kappa(\vec{x}, \lambda)$ 为吸收系数。

在火灾数值模拟中,为更好地减少光谱相依性的影响,将热辐射光谱进行细分并计算出第 n 个细分波段的热辐射传递方程。波段的热辐射传递方程为:

$$\vec{s} \cdot \nabla I_\lambda(\vec{x}, \vec{s}) = \kappa_n(\vec{x}, \lambda)[I_{b,n}(\vec{x}) - I(\vec{x}, \vec{s})] \tag{4.20}$$

其中,$I_{b,n}$ 表示第 n 个波段的热辐射强度;$\kappa_n(\vec{x}, \lambda)$ 为所在波段的吸收系数。$I_{b,n}$ 也可用以下公式表示:

$$I_{b,n} = \frac{F_n(\lambda_{min}, \lambda_{max})\sigma T^4}{\pi} \tag{4.21}$$

4.3.2　火灾燃烧初始模型

基于 FDS 模拟进行的舱室火灾的研究,首先要做的就是建立火灾场景。

火灾场景的模型是编入 FDS 输入文件的,其中包括火灾场景的计算区域、区域网格的划分、火灾场景中的建(构)筑物、燃料种类、热释放速率、风速、温度等各种参数。

在 FDS 软件设定火灾燃烧的方式中,有两种方式较为常用:一是使用单位面积的热释放速率方式设定火灾大小;二是通过燃烧液体的热物性和蒸发热设定火灾大小。使用单位面积的热释放速率方式设定火灾大小,用户需要经过分析计算得到火源正确的单位面积的热释放速率;通过燃烧液体的热物性和蒸发热设定火灾大小,则需要分析计算燃烧物质的最大燃烧速率。由于燃料的燃烧速率与火焰的热对流 / 热辐射及火灾环境等因素关系密切,因此在模拟计算中并不能准确设定,从而使得计算结果有偏差。在一般情况下,只设定燃烧液体的热物性和蒸发热往往会高估火灾中物质的热分解。

由于柴油机组内部结构较为复杂,火灾燃烧产生的热辐射主要从装置外部开始,因此需要对模型进行优化,根据模型的主要尺寸建立 FDS 模型。如图4.31 所示,模型建立完毕后,需要对模型进行网格划分,靠近舷侧的部分装置较多,是火灾分析的关键区域,因此利用小网格(0.125m×0.125m×0.125m)进行划分来提高模拟的精度;外侧部分设备较少,主要是燃油柜、滑油柜等结构件,为了优化模拟和提高计算速度,采用较大网格(0.25m × 0.25m × 0.25m)进行划分。

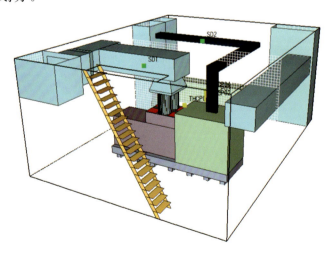

图 4.31　柴油机舱室模型图

(1) 燃烧反应定义

柴油机燃烧不充分会导致排气管处积累燃油,当燃油积累到一定量后会溢出排气管道,形成油池。排气管工作时温度较高,极易引燃溢出的燃油,因此本模型针对柴油机组溢油进行燃烧模拟。

定义燃烧反应的主要目的是设置火源燃烧的相关参数,如图 4.32 所示,在 FDS 中定义燃烧反应后,软件就可预测火灾燃烧的产物,计算火源周围温度场和热辐射场。FDS 软件对于燃烧反应的定义,是通过定义反应物的元素构成来实现的。经查阅资料,柴油的化学式用 C、H、O 和 N 进行简化表示,其方程式可表示为 $C_{20}H_{22}O_3$。

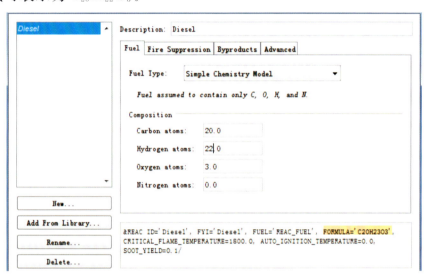

图 4.32 燃烧反应定义图

（2）火势增长分析

柴油机舱室火灾燃烧区域定义在通风口位置,柴油机两个通风口处发生溢油,导致火灾发生,燃烧的总面积为 $1m^2$,柴油燃烧达到最大热释放速率的时间约为 80s,因此模拟时间设置为 300s。

如图 4.33 所示,根据火灾模拟,在 30s 时火灾处于阴燃阶段,火势较小,并且温度较低;在 60s 时火势逐渐发展,通风管道被火焰包围,火灾持续增长;在 90s 时,火灾已经达到最大的热释放速率,可燃物完全燃烧,火焰对通风管道也带来一定损害;在 120s 和 200s 时,由于通风管道和火焰燃烧的性质,火焰向周围窜动,对周边设备和人员带来影响;在 300s 时,模拟结束,火灾持续燃烧,周围空气处于较高温度状态,使人员无法靠近,给灭火带来一定难度。

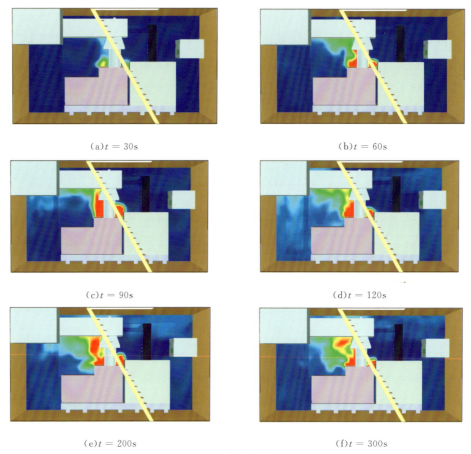

(a)$t = 30$s　　　　　　　　　　(b)$t = 60$s

(c)$t = 90$s　　　　　　　　　　(d)$t = 120$s

(e)$t = 200$s　　　　　　　　　　(f)$t = 300$s

图 4.33　火灾趋势图

柴油机组主要分为柴油机和发电机,如图 4.34 所示,在 50s 时,排气管处的火灾会导致发电机靠近柴油机的上边缘轻微发热;在 100s 时,发电机上边缘温度升高并逐渐扩散,电缆桥架处也受到一定的热辐射;在 150s 时,发电机靠近柴油机侧持续受到较强热辐射,柴油机排气装置的温度开始升高;在 200s 和 250s 时,柴油机排气装置和排气管温度上升,发电机受到强烈的热辐射;在 300s 时,模拟结束,柴油机、发电机和电缆桥架均受到较强热辐射,温度达到最高。

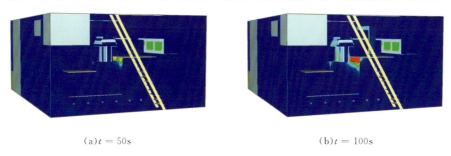

(a)$t = 50$s　　　　　　　　　　(b)$t = 100$s

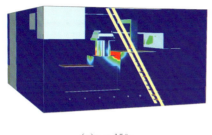
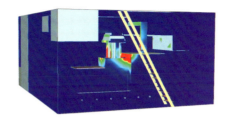

(c)$t = 150\mathrm{s}$　　　　　　　　　　　　　　　(d)$t = 200\mathrm{s}$

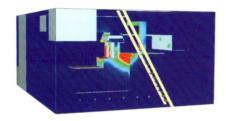
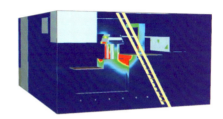

(e)$t = 250\mathrm{s}$　　　　　　　　　　　　　　　(f)$t = 300\mathrm{s}$

图 4.34　温度趋势图

（3）火灾效应分析

火灾效应分析主要是烟气和火灾探测报警系统火灾灵敏度分析,柴油的烟雾系数设定为 0.1,烟气火灾效应模拟结果如图 4.35 所示。

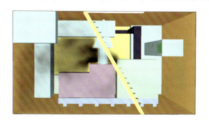
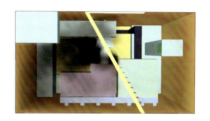

(a)$t = 20\mathrm{s}$　　　　　　　　　　　　　　　(b)$t = 30\mathrm{s}$

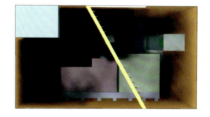

(c)$t = 50\mathrm{s}$　　　　　　　　　　　　　　　(d)$t = 70\mathrm{s}$

　　　　(e)$t = 100$s　　　　　　　　　　　　　　(f)$t = 150$s

图 4.35　烟气火灾效应模拟结果

　　舱室烟雾浓度上升会导致能见度下降,并产生有害物质,使人无法进入舱室灭火,从图 4.35 可以看出,在 20s 时,溢油处于阴燃状态,产生了少量的烟雾;在 30s 时,烟雾浓度开始逐步升高,蔓延至整个舱室;在 50s 左右,火势开始增强,烟雾浓度急剧上升,由于右侧通风口的作用,烟雾主要集中在舱室左侧;在 70s 左右,烟雾蔓延至整个舱室,能见度开始下降;在 100s 之后,舱室能见度持续下降,无法看清舱室内的设备。

　　在模型上方设置两个光电感烟探测器,其主要参数如图 4.36 所示。

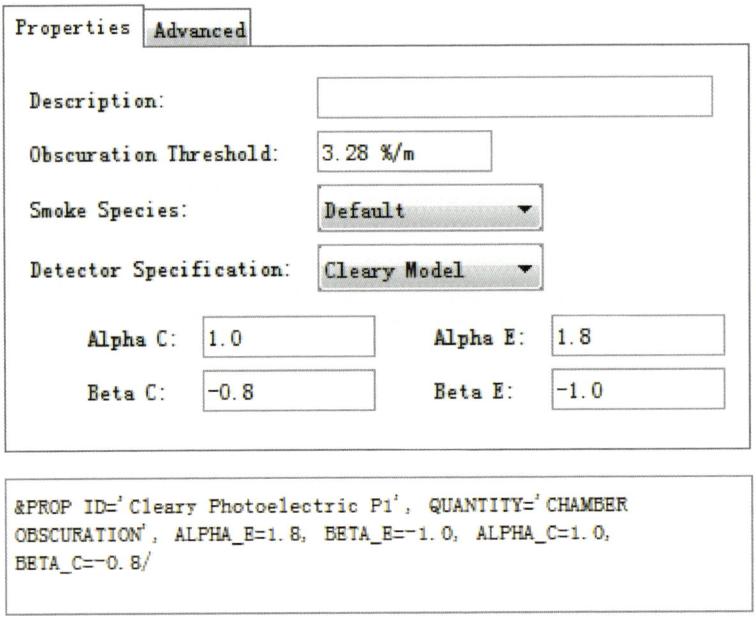

Properties | Advanced

Description:

Obscuration Threshold: 3.28 %/m

Smoke Species: Default ▼

Detector Specification: Cleary Model ▼

Alpha C: 1.0　　　　Alpha E: 1.8

Beta C: -0.8　　　　Beta E: -1.0

&PROP ID=' Cleary Photoelectric P1', QUANTITY=' CHAMBER OBSCURATION', ALPHA_E=1.8, BETA_E=-1.0, ALPHA_C=1.0, BETA_C=-0.8/

图 4.36　光电感烟探测器参数图

　　根据模拟结果,绘制两个光电感烟探测器的烟雾浓度信号,如图 4.37 所示。

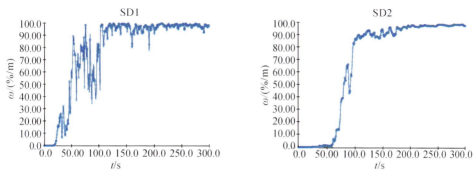

图 4.37 光电感烟探测器的烟雾浓度信号

一般光电感烟探测器在 $5\%/m \sim 10\%/m$ 遮光率条件下会发出火灾信号,光电感烟探测器 SD1 处于柴油机侧,从图 4.37 中可以看出 SD1 探测器在 25s 左右探测到火灾;光电感烟探测器 SD2 在柴油机另一侧,空间较大,因此其在 55s 左右探测到火灾,发出报警信号。通过调节感烟探测器灵敏度阈值可以提升探测灵敏度,但是容易导致误报。

在发电机靠近柴油机侧面设置一个热电偶,可以测量发电机的温度变化,如图 4.38 所示。

从图 4.38 中可以看出,在火灾初期,发电机侧的温度变化较小,$0 \sim 80s$ 时,温度从 20℃ 上升至 60℃;在 80s 左右火势达到最大,发电机的温度迅速上升,由于舱室内通风系统在模拟时间内未关闭,因此导致温度在一定范围内波动;在 200s 时,火势开始下降,并逐渐平稳。发电机的最高温度约为 185℃。

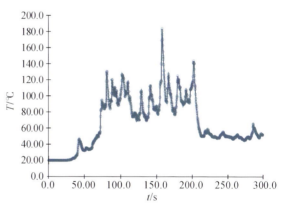

图 4.38 热电偶温度曲线图

(4) 恰当性评价

从火灾燃烧数值模拟模型中可以看出,当火灾初期时,温度较低,烟雾较少,比较容易扑灭火灾,当火势发展起来后,温度和烟雾浓度迅速上升,可能导致人员伤亡和设备损害,因此迅速扑灭火灾至关重要。

柴油机舱室内配置有气体灭火系统、局部水基灭火系统以及泡沫灭火器,当两个探测器探测到发生火灾时,启动局部水基灭火系统,释放水雾为柴油机降温,从而在火灾初期扑灭火灾,并且不会导致人员和设备的损害,从而提高防护措施的可靠性和可行性。同时,在发电机靠近柴油机侧,敷设一定的耐火绝缘材料,可防止柴油机部分发生火灾时导致的发电机运行故障。

4.4　应急疏散数值模型

海洋核动力平台远离陆地,所处环境恶劣,在事故发生时,对人员进行安全有序的疏散是减少伤亡的关键环节。紧急突发事故非人为可控,因此预先做好人员疏散方案,针对现场实际情况进行人员逃生路线模拟,验证现场引导方式的合理性,开展智能应急疏散的相关研究对于提升海洋核动力平台应急水平具有重要的意义。以海洋核动力平台生活舱室为研究对象,借助人员紧急疏散模拟软件 Pathfinder 构建人员疏散的动态模型,对生活舱进行全尺寸建模,获得各种预判情况下的疏散结果,为海洋核动力平台制定更加准确、完整的应急响应机制提供依据。

4.4.1　应急疏散建模机理

疏散模型是研究人员疏散的基础。目前,由于船舶载体、运行环境等因素异于陆地建筑,因此,船舶人员疏散研究也必须依托于自身实际特点开展。船舶人员疏散过程中人员属性行为、船舶特点和事故发展三个因素互相影响,由于现有疏散模型在建模方法上的局限性,还不能很好地模拟个体人员行为决策这个重点内容。海洋核动力平台应急疏散建模机理可划分为平台空间模型、人员属性模型与人员行为模型三部分。

（1）平台空间模型

以 E_i 表示平台的子空间,包括舱室、走廊、集合地和楼梯。$e_{i,j,k}$ 表示连接子空间 E_i 到 E_j 的门,考虑到两个子空间可能不止一个门相连接,如从舱室 E_i 到走廊 E_j 可能有两个门可以选择,所以使用 k 来表示这两个舱室间所具有的路径条数编号,当 $k = 0$ 时,表示两个舱室不直接相连或当前通道不可以使用。

其中每个 E_i 都对应实际空间中一个具体区域,并包含该区域完整的位置、尺寸、形状等几何信息[18]。环境空间 E_{nv} 可以表示为:

$$\begin{cases} E_{nv} = (E,e) \\ E = (E_1,E_2,\cdots,E_m) \\ e = |e_{i,j,k}|_{m\times m\times n} \end{cases} \tag{4.22}$$

发生紧急事故时,当被疏散人员到达设置有救生装置的集合站后,便可以乘坐救生艇安全离开,因此模型中认为所有疏散人员都到达预定集合站时疏散过程便结束。在实际疏散中,若不考虑人员返回到舱室内避难,人员的运动通常是首先离开自己所在的舱室,进入与初始舱室直接连接的走廊,然后到达主要走廊通道。

（2）人员属性模型

人员属性模型规定每一位个体都具有如下属性:性别、年龄、体型尺寸、反应时间、移动速度、空间位置坐标、心理素质状况、社会关系等。其中,人员的反应时间与年龄有关,因此本模型中规定人员的反应时间为人员年龄的函数,最快反应时间为30s,最慢反应时间不超过10min。当同一房间内有多个人员时,考虑到个体间的信息传递,同一房间内的所有人员的反应时间相同,为这一房间内所有人员的个体反应时间的最小值。人员移动速度可设定出口对行人的吸引程度、行人可以通过的最小宽度、人员最大步行速度等。

（3）人员行为模型

人员行为模型包括个体行为和群体行为,通过研究个体的行为特点,模拟个体之间的相互作用,进而反映疏散中的群体行为现象。模型中人员行为以到达疏散集合站为最终疏散目标,由于人员与环境之间的信息交互,人员在某个局部区域内具有一个短期目标,当到达这一短期目标后,根据新的具体情况,将再次规划出新目标,直至到达最终疏散目标。个体在到达目标过程中,必须对目标方向进行感知,包括感知自身的位置、目标出口位置、距目标的距离、障碍物等,从而修正自身的行为决策。在疏散初始时刻,为每个人设定疏散路径,疏散开始后,人员在沿疏散路径向出口疏散的过程中会对环境变化做出响应[19]。

4.4.2　应急疏散初始模型

应急疏散初始模型基于Pathfinder建立,其运动环境是完整的三维三角网格设计环境,可以配合建筑物实际层面的建设模式,给每个人员设定一套独特的参数（走行速度、肩宽、出口选择等）,并分别仿真出每个人员的独立运动模式。基于海洋核动力平台的构造及人员分布的特点，选取尾部人员较集中的生活区域作为建模对象。其具体结构见图 4.39。

Pathfinder 基本的建模步骤如下：

步骤一：根据实际结构设计的平面结构，在 Pathfinder 环境下构建参与疏散楼层的 2D 单线条仿真平面模型。其中包括甲板层布置、房间、门、卫生间、走廊等。

步骤二：在步骤一的基础上，将全部的疏散层组合为仿真模型的 3D 结构构建整体框架。

步骤三：添加疏散楼梯和疏散楼梯平台。平台生活区包括三处疏散楼梯，其中生活 Ⅰ 舱宽度为 1.4m，由 2m 层甲板通往顶棚甲板；生活 Ⅱ 舱楼梯宽度为 1.5m，由 2m 层通往上甲板；生活 Ⅲ 舱楼梯宽度为 1.4m，由 2m 层通往指挥甲板层。

步骤四：根据人员特点添加待疏散的人员人数、行为特征、性别等。根据实际疏散通道的设置及设备、家具布置、大小尺寸绘制疏散障碍物，最终形成完整的 3D 疏散模型。

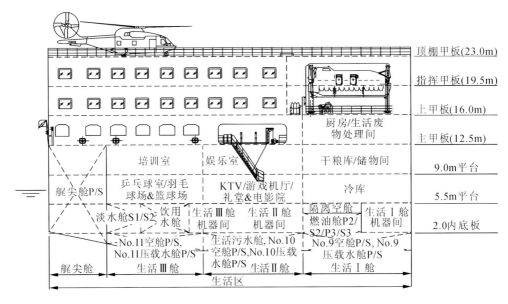

图 4.39　尾部生活区结构图

（1）舱室模型建立

为达到建立模型的合理性与准确性，其房间布置、结构、尺寸均与实际设计相一致。脱险通道的设置满足 SOLAS 公约中 36 人以下客船的相关要求，在舱壁甲板以下，每一水密舱或类似的限界处所或处所群，应设有 2 条脱险通道，其中至少 1 条应独立于水密门。在舱壁甲板以上，每一主竖区或类似的限界处所或处所群，应至少设有 2 条通道，其中应至少有 1 条通往形成垂直脱险通道的梯道。脱险通道的宽度、数量和连续性满足《消防安全系统规则》要求。在生活区主甲板层设置集合站，配置救生艇筏、救生圈等救生设施，每舷的救生设施可满足全部人员安全撤离。各处所均可通过逃生通道到达距离最近的集合站。特殊情况下，生活区人员也可通过楼梯快速到达直升机平台等待救援。在 2D 界面下构建单线条仿真平面模型，包括甲板层、房间、楼梯、出口等，并组合为仿真模型的 3D 结构框架，具体如图 4.40 与图 4.41 所示。

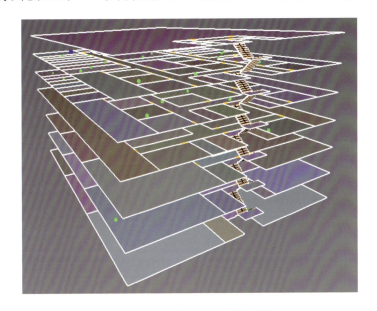

图 4.40　生活区结构立体轮廓图

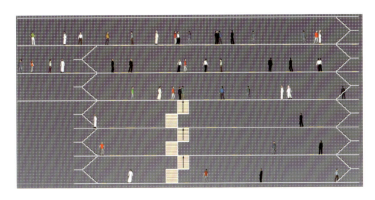

图 4.41　生活区结构平视轮廓图

其中,顶棚甲板可直接到达直升机平台,主甲板层黄色区域为露天甲板,定义为疏散的集合站。其建模示意图如图 4.42 所示。

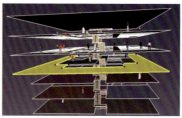

图 4.42　集合站建模示意图

（2）疏散人员模型建立

海洋核动力平台人员组织机构共分为 3 个层级:指挥层、管理层和作业层。总人数按 70 人左右设计,换料等其他特殊工况下临时人员按 30 人设计。人具有个体差异性,但是鉴于海洋核动力平台工作环境特点,平台上一般为船上工作人员,在建模过程中,设定人员对象为 30 ～ 50 岁的男性工作人员,人数 60 人,人员随机分布在各甲板层的各个区域。

人员肩宽尺寸一般为 43.5 ～ 47.6cm,设置人员平均肩宽为 45.58cm,身高 1.82m。各方向人员可向 3 个方向疏散,其疏散出口选择由 steering 模式决定。人员特性设定具体如图 4.43 所示。

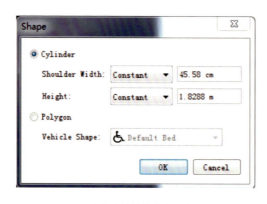

（a）定义人员结构分类、属性

（b）编辑人员行为特征

图 4.43　人员特性设定

（3）人员移动速度

人员的移动速度直接影响到了建模的结果，取值不准确或随意取值将会严重影响建模结果的准确程度。根据实际数据统计以及微观特征观察，速度定义具体如图 4.44 所示，其中人员疏散速度为 $0.97 \sim 1.67 \mathrm{m/s}$，平均速度为 $1.295 \mathrm{m/s}$；上楼梯速度平均为 $0.49 \mathrm{m/s}$，下楼梯速度平均为 $0.66 \mathrm{m/s}$，上下坡平均速度为 $1.0 \mathrm{m/s}$。

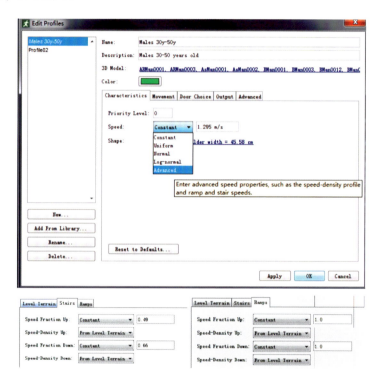

图 4.44　速度定义

（4）人员疏散行为及路径

在构建如上模型后，从人员疏散开始，在第 5.1s 时，12.5m 平台（Floor 10.5）的 door18 出现了第一位人员疏散模型，如图 4.45 所示。模型中 60 人全部疏散到两个集合站的时间为 76.8s，如图 4.46 所示，疏散速率为 0.78per/s。人员在疏散过程中会就近选择最近的出口到达集合站，其人员疏散路径如图 4.47 所示。第 15.4s 时，所有的人都已经走出房间，大部分到达楼梯口和出口处，楼梯疏散口处也存在着拥堵排队的现象，但是人员对三组楼梯的选择比较均匀，楼梯口通过的人流和通过能力也基本相同。各个楼梯口通过的人流变化情况如图 4.48 所示。

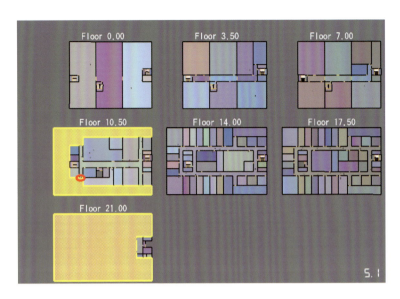

图 4.45　第 5.1s 时疏散人员各层分布图

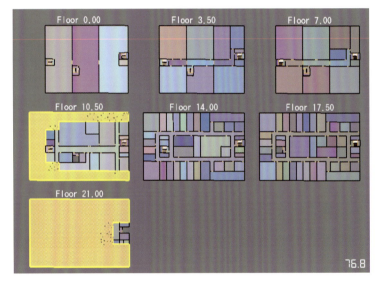

图 4.46　第 76.8s 时全部人员疏散完毕示意图

（5）恰当性评价

通过 Pathfinder 软件中 steering 模式的路径规划指导机制与碰撞处理相结合来确定行人的动态路径,可较为真实地反映疏散人群的疏散行为。进行平台生活区人员安全疏散模拟,主要目的在于对平台的舱室安全性进行判定,通过对舱室安全性的判定进而对火灾危险性进行评估,对舱室人员疏散通道设置的可靠性进行评估,以便对平台整个消防安全提出合理的建议和优

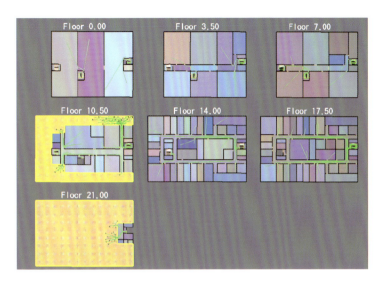

图 4.47　人员疏散路径图

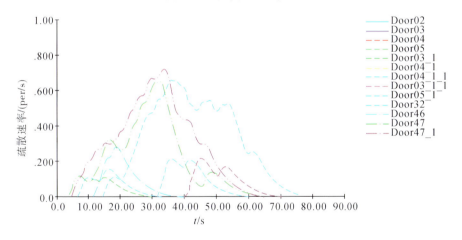

图 4.48　各个楼梯口通过的人流变化情况图

化意见。通过人员疏散模拟软件 Pathfinder 对人员疏散进行定量的模拟分析，得出人员全部安全疏散所需要的时间。基于该模型，后期可以设置不同的火灾场景，对比分析不同场景下的火灾安全状况，进而对人员逃生通道设定、消防方案选取等的可靠性进行评价和验证。

4.5　压载水控制数值模型

海洋核动力平台压载水系统主要由压载水泵、压载水管路、压载舱及有关阀件组成，系统的作用是：根据船舶运营的需要，对全船压载舱进行注水或排水,以达到调整船舶吃水和船体纵、横向的平稳及安全的稳心高度;减少船体变形,以免引起过大的弯曲力矩与剪切力,减少船体振动,达到改善空舱适航性的目的。

4.5.1　压载水控制建模机理

压载水控制系统模拟工程系统架构如图 4.49 所示,由中控 ECS-700 控制系统和数据库服务器组成,中控 ECS-700 系统由控制器、控制服务器、工程师站和操作员站组成,由工程师站完成控制组态和监控组态的程序编写,由控制服务器完成控制操作服务,由操作员站完成实时监控的运行。

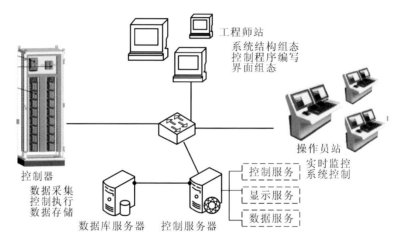

图 4.49　系统架构图

（1）基本原理

压载水系统原理图如图 4.50 所示,海洋核动力平台设若干压载水舱,通过压载泵(由舱底泵兼用)和液控蝶阀,实现压载水的注排。压载水管系采用总管式,总管通过支管与各压载水舱相连。在总管与支管相连处设置有液控蝶阀,支管末端设置吸入口,吸入口伸入压载水舱底部。通过操作液控蝶阀,可以实现海水的注入与排出功能,达到浮态调整的目的。以压载水系统为主要建模对象,完成以下目标:运用 ECS-700 配套的控制组态模块完成压载水自动注疏控制流程;运用 ECS-700 配套的监控组态软件完成操作界面、显示界面的界面编写规划;完成控制数据和设备数据的数据中心的存储;读取数据中心中的预测分析数据,并将预测结果推送至监控界面。

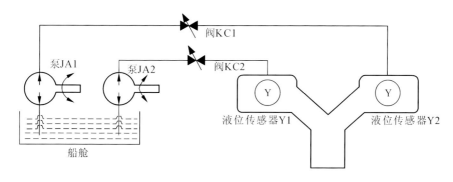

图 4.50　压载水系统原理图

（2）组态设计

参照海洋核动力平台压载水系统的布置原理图，设计压载水控制系统业务流程，如图 4.51 所示，将系统按照左右舱进行布置，设置若干压载舱、两个海水箱、两台压载泵以及相关管道阀件。

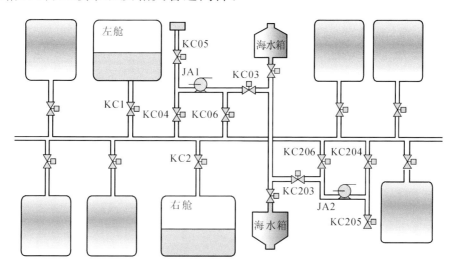

图 4.51　压载水控制系统流程图

（3）控制模式

参照压载水系统设计说明书和实际使用情况，将该系统模拟分为三种应用场景：自动模式、手动模式和传感器模式。

① 自动模式

在此模式下，可以根据船体状况开启系统模拟工况，该系统可模拟五种自动注水、排水工况，即循环注排水、左舱注水、左舱排水、右舱注水、右舱排水。任意一种工况触发时，即打开相关注排水管路阀门，如图 4.52 所示，以监控界面模拟管路、阀门的动态效果，同时左右舱模拟显示液位的变化。

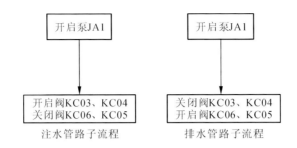

图 4.52　注排水管路流程

左舱注水工况是模拟船体右倾时的姿态调节,其控制流程如图 4.53 所示。

左舱排水工况是模拟船体左倾时的姿态调节,其控制流程如图 4.54 所示。

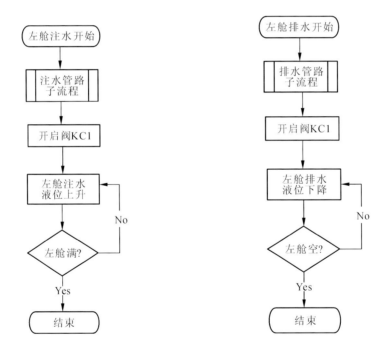

图 4.53　左舱注水控制流程　　　图 4.54　左舱排水控制流程

右舱注水工况是模拟船体左倾时的姿态调节,其控制流程如图 4.55 所示。

右舱排水工况是模拟船体右倾时的姿态调节,其控制流程如图 4.56 所示。

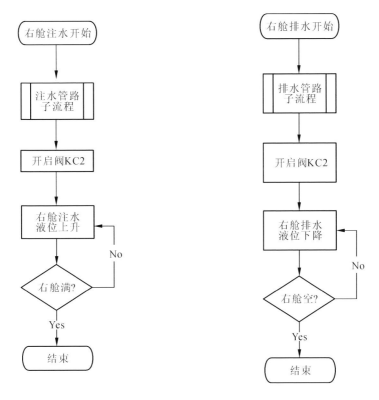

图 4.55 右舱注水控制流程　　　图 4.56 右舱排水控制流程

　　循环注排水工况是模拟船体左倾时左右压载舱水位的自动调节,首先开启右舱排水模式,流程结束后再开启左舱注水,其控制流程如图 4.57 所示。

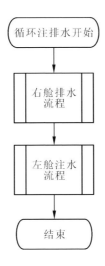

图 4.57 循环注排水控制流程

② 手动模式

在此模式下,可以手动开启系统相关的泵、阀等执行器,以达到手动调节注排水工况的目的。泵、阀等执行器开启时,监控界面中阀门和相关的管路状态会以鲜明的形式显示。

③ 传感器模式

在此模式下,可模拟船体左倾、泵故障以及左右舱液位等状态输入。系统在船体左倾状态时自动触发循环注排水流程,在泵故障状态时自动切换备用泵,进入备用泵操作流程,带泵故障切换的注排水管路流程如图 4.58 所示。

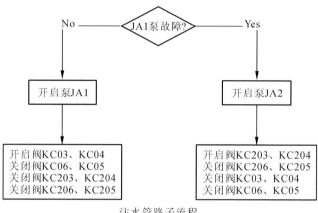

注水管路子流程

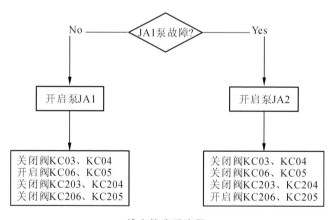

排水管路子流程

图 4.58　带泵故障切换的注排水管路流程

（4）控制测点

压载水控制系统控制测点如表 4.4 所示,主要类型有:

开关输入量 DI:包括左倾状态模拟开关、泵故障模拟开关、五种工况开关、手自动模式开关、手动模式下各执行器启停开关。

开关输出量 DO:主要是各传感器和执行器启停状态。

自定义开关量 ND:程序设计中设定的中间变量,如互锁状态和定时器中间量等。

功能块位号 FB:程序中使用功能块时设定的位号,包括工况模式下液位和左右舱液位。

表 4.4　压载水控制系统控制测点

名称	描述	类型
DI-left	船体左倾模拟输入	DI
JA1ER	舱底泵 1 故障状态	DI
XZP	循环注排水开关	DI
YZS	右舱注水开关	DI
YPS	右舱排水开关	DI
ZZS	左舱注水开关	DI
ZPS	左舱排水开关	DI
MS	手动／自动模式开关	DI
SDB1	手动泵 1 启停开关	DI
SDB2	手动泵 2 启停开关	DI
SDFKC01	手动阀 KC1 启停开关	DI
SDFKC02	手动阀 KC2 启停开关	DI
JA1	舱底泵 JA1	DO
KC1	左舱液控蝶阀 KC1	DO
KC2	右舱液控蝶阀 KC2	DO
KC03	注水管路进口蝶阀 KC03	DO
KC04	注水管路出口蝶阀 KC04	DO
KC06	排水管路进口蝶阀 KC06	DO
KC05	排水管路出口蝶阀 KC05	DO
JA2	备用舱底泵 JA2	DO
KC203	备用注水管路进口蝶阀 KC203	DO
KC204	备用注水管路出口蝶阀 KC204	DO
KC206	备用排水管路进口蝶阀 KC206	DO
KC205	备用排水管路出口蝶阀 KC205	DO
YZSS	右舱注水锁	ND

续表 4.4

名称	描述	类型
YPSS	右舱排水锁	ND
ZZSS	左舱注水锁	ND
ZPSS	左舱排水锁	ND
XHZPS	循环注排水锁	ND
XHZPSZ	循环注排水中间量	ND
YZSZ	右舱注水中间量	ND
YPSZ	右舱排水中间量	ND
ZZSZ	左舱注水中间量	ND
ZPSZ	左舱排水中间量	ND
ZTHS	自动模式状态互锁	ND
XZPYTimer1	循环注排水右舱结束状态计时信号 1	ND
XZPYTimer2	循环注排水右舱结束状态计时信号 2	ND
XZPZTimer1	循环注排水左舱结束状态计时信号 1	ND
XZPZTimer2	循环注排水左舱结束状态计时信号 2	ND
ZZSTimer	左舱注水结束状态计时信号	ND
ZPSTimer	左舱排水结束状态计时信号	ND
YZSTimer	右舱注水结束状态计时信号	ND
YPSTimer	右舱排水结束状态计时信号	ND
Triangle	三角波模拟信号量	ND
YZS_RSENSOR	右舱注水液位中间量	FB
ZPS_LSENSOR	左舱排水液位中间量	FB
YPS_RSENSOR	右舱排水液位中间量	FB
ZZS_LSENSOR	左舱注水液位中间量	FB
RSensor	右舱液位	FB
LSensor	左舱液位	FB

4.5.2　压载水控制初始模型

（1）控制程序

压载水控制系统控制程序块包括用于界面按钮互锁操作的工况互锁控制，用于循环注排水工况控制的循环注排水控制，用于左舱注水、左舱排水、右舱注水、右舱排水的压载调节工况控制及用于泵故障切换的注排水管路冗余控制。

① 工况互锁控制

工况互锁控制用于注排水操作界面中五种工况按钮的互锁，设置自动模式下五种工况互锁启动，即同一时刻仅允许一种工况存在，具体实现是采用16 路 LOCK 功能块级连接入手自动模式开关，输入接入自动模式下工况开关，输出为工况状态量，具体程序段如图 4.59 所示。

② 循环注排水控制

循环注排水控制程序段用于循环注排水工况控制流程，程序段分为循环右注水和循环左排水模块，考虑到循环演示，设置状态信号触发两个模块的循环启动；采用功能块 SGNLGEN 和 RSensor 设置三角波模拟液位上升和下降流程；采用功能块 TP 实现两种模式切换时的状态停顿效果。具体程序段如图 4.60 所示。

③ 压载调节工况控制

压载调节工况控制程序段用于自动模式下左舱注水、左舱排水、右舱注水和右舱排水工况的循环演示，四种工况设置四个程序段，每个程序段设置状态信号用于循环控制；采用功能块 SGNLGEN 和 RSensor 设置三角波模拟液位上升和下降流程；采用功能块 TP 实现循环切换时的状态停顿效果。图 4.61 列出了右舱注水和左舱排水的程序段。

④ 注排水管路冗余控制

注排水管路冗余控制用于泵故障时管路的切换，按照左右舱注排水进行程序段划分，具体分为注水状态下和排水状态下的管路切换，程序段如图4.62 所示。

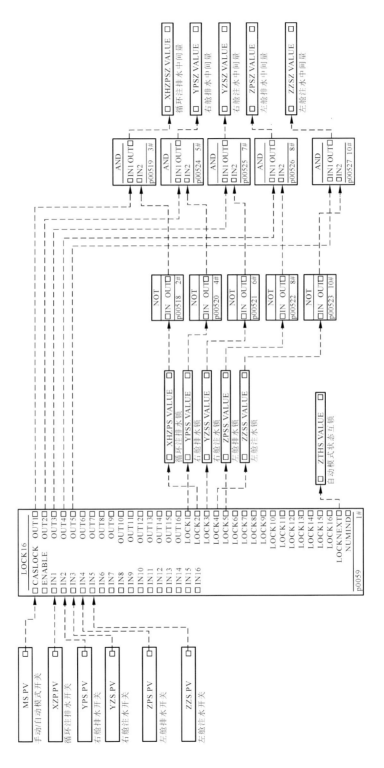

图4.59　工况互锁控制程序段

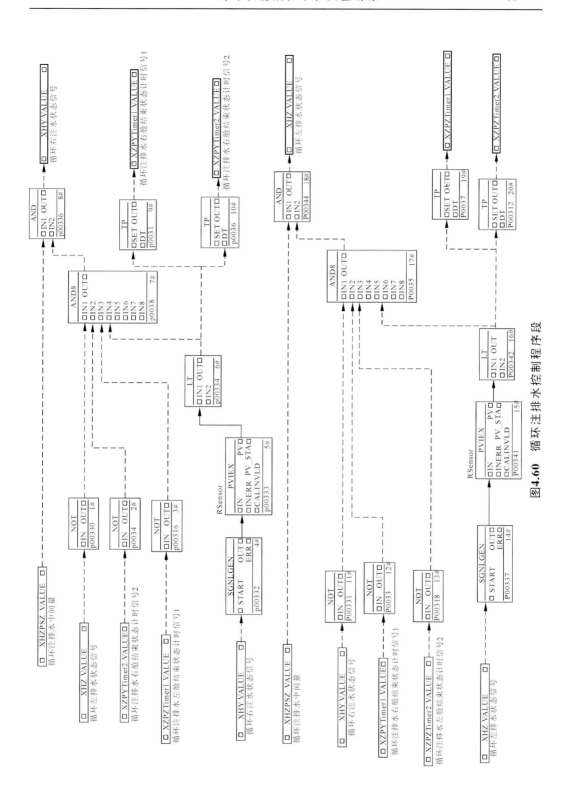

图4.60　循环注排水控制程序段

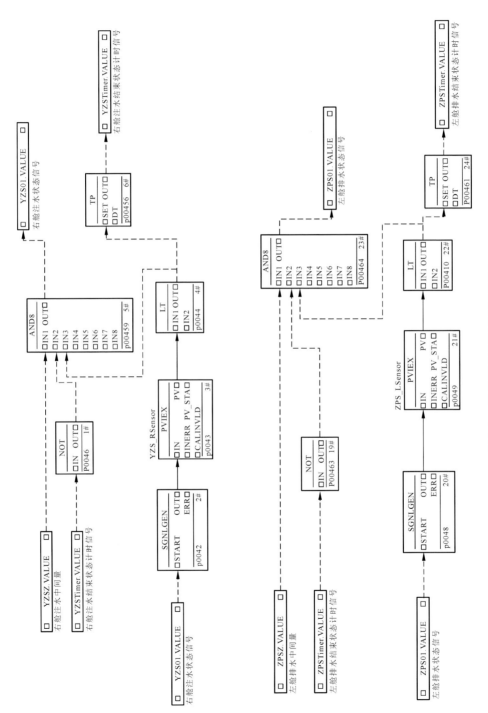

图4.61 压载调节工况控制程序段

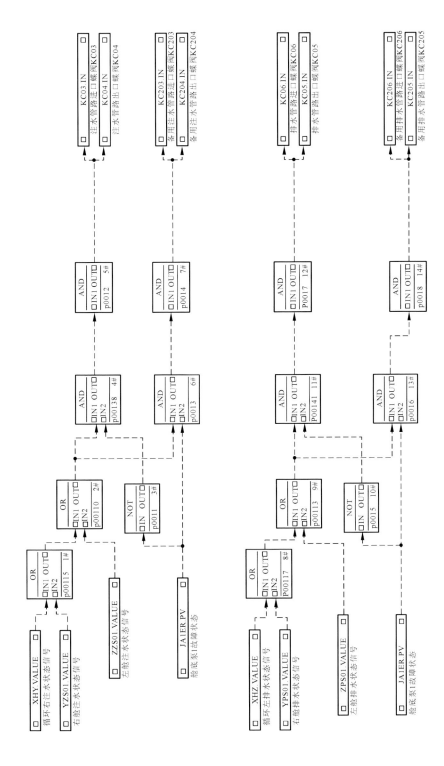

图4.62 注排水管路冗余控制程序段

（2）监控程序

控制程序设计完成后，按照控制流程和采集测点设计系统的操作界面和控制流程界面。

操作界面如图 4.63 所示，界面划分为自动模式、手动模式和传感器模拟模块，设置手、自动模式开关和状态显示框。

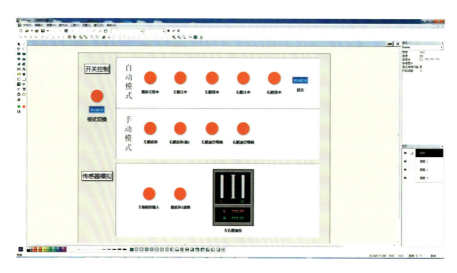

图 4.63　操作界面

控制流程界面如图 4.64 所示，左侧为压载水控制系统主要控制流程，右侧为状态显示，包括工况状态显示、设备状态显示、预测状态显示和数据库连接情况显示等。

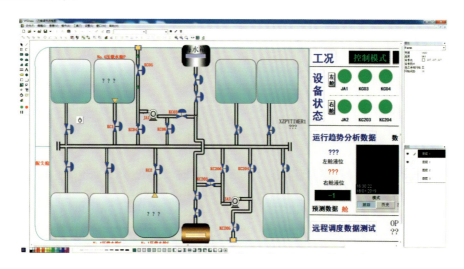

图 4.64　控制流程界面

操作界面和控制流程界面绘制完成后,需要建立控件与采集测点之间的动态链接,同时为了更加高效地进行界面展示,需要编辑界面脚本来创建控制系统与数据库之间的关系。

(3)运行结果

控制程序和监控程序编写完成后即完成压载水模拟控制程序的试验工作,启动 ECS-700 监视管理软件即可运行监控界面,通过监控界面相关操作即可模拟控制程序的执行。

压载水控制系统操作界面如图 4.65 所示,分为自动模式、手动模式和传感器模拟,自动模式中五种工况为互锁状态,即在同一时刻不允许两个工况同时存在。其中,手、自动模式采用操作按钮切换。

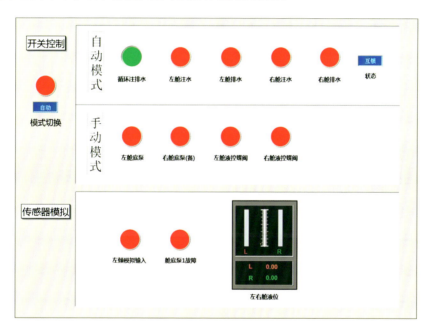

图 4.65 压载水控制系统操作界面

图 4.66 所示为循环注排水工况的模拟,界面左侧为压载水系统的业务流程图,图示正在进行右舱注水的动作,相关管路和阀门高亮闪动显示,默认选用泵 JA1,当在操作界面模拟泵 JA1 故障时,则自动启用备用泵,如图 4.67 所示,同时进行相关管路和阀门的切换。系统界面右侧为工况、设备状态、运行和预测分析数据等参数显示,其中预测数据是从数据中心实时读取的数据。

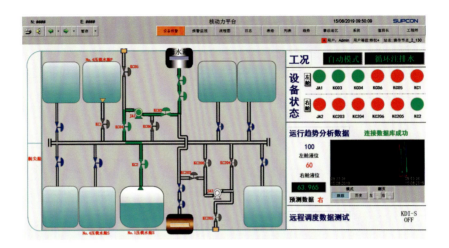

图 4.66　循环注排水工况的模拟

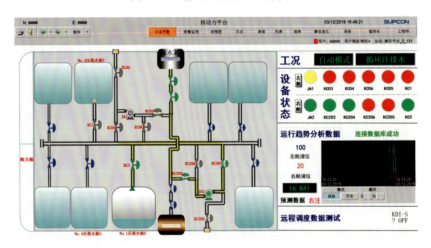

图 4.67　泵故障演示

4.6　消防水喷淋控制数值模型

　　基于数值建模对于工程场景化渗入的深度性要求,依托数值实验室开展了典型系统控制初始建模工作,选取海洋核动力平台消防水喷淋灭火系统作为建模对象,该模型由消防水喷淋灭火模拟控制系统(包括控制组态和监控组态)、数据库、状态仿真输入模型、状态预测模型组成。其中,消防水喷淋灭火模拟控制系统为初始模型,而数据库、状态仿真输入模型和状态预测模型属于模型优化部分。

4.6.1　消防水喷淋控制建模机理

（1）工程概况

海洋核动力平台消防水喷淋灭火系统由消防泵、消防水管路、压力水柜及有关管路和阀件组成。常规区域消防水灭火系统主要依据《钢质海船入级规范》和《海上人命安全公约》相关要求进行设计和配置。

消防水总管采用环型管网,常规区域消防水系统和涉核区消防水系统相互独立,通过隔离阀进行连接,在紧急情况下可相互备用。

常规区域消防水系统在保压状态时采用淡水;在消防状态下当水柜压力低于 0.5MPa 时,主消防泵自动启动,从海水总管取海水进行消防。

涉核区域消防水系统在保压状态时采用淡水;在消防状态下当水柜压力低于 0.5MPa 时,主消防泵自动启动,从消防水舱取淡水进行消防。

常规区域和涉核区域水喷淋灭火控制原理基本相同,为了使此次建模具有独立性和完整性,从通用性角度设计了船用消防水喷淋系统,并建立了一整套从控制到预测的模型体系。依托数值实验室的软硬件条件,本次数值模型的建立主要完成以下目标:

① 梳理消防水喷淋控制系统流程,选取工控软件建立完善的消防水喷淋控制模拟系统,完成控制组态程序和监控组态程序的设计。

② 根据系统显控数据需求进行消防水喷淋系统数据库的设计,并建立数据表。

③ 建立控制程序与数据库的接口,实时将模拟数据存入数据库,同时可以实时读取数据库的值并在监控界面显示。

④ 建立消防水喷淋控制系统与输入系统的通信接口,将状态仿真数据输入控制系统,优化其控制运行。

⑤ 根据系统控制运行的状态特点进行预测状态分析,设计并搭建预测程序,并建立预测程序与数据库的接口,将预测结果存入数据库。

（2）技术路线

船用消防水喷淋系统数值模型的工程架构如图 4.68 所示,整个工程分为控制模型域、状态仿真输入模型域和预测模型域:

① 控制模型域:采用中控 ECS-700 系统搭建消防水喷淋控制系统模型,运用控制组态软件完成控制流程,运用监控组态软件完成界面的设计。

② 状态仿真输入模型域:运用 Matrikon OPC 作为数据源与控制域建立网络连接,将数据传输至控制域。

③ 预测模型域:运用 Python 编写预测程序,用于系统主要状态的预测。

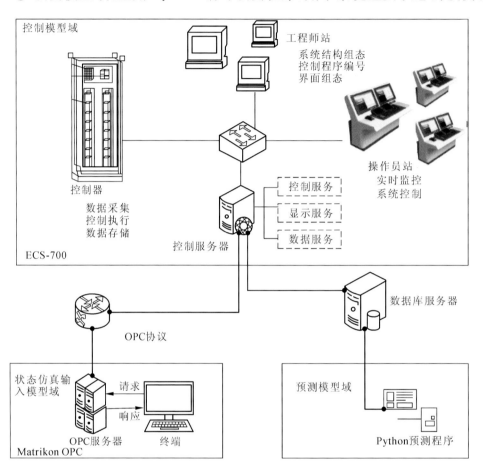

图 4.68　船用消防水喷淋系统数值模型工程架构图

4.6.2　消防水喷淋控制初始模型

(1) 控制界面设计

按照海洋核动力平台的设计要求,消防水喷淋系统业务流程图如图 4.69 所示,设置 1 台自动补水泵、1 台电动喷淋泵、1 台淡水箱、1 台压力水柜、1 个海水管路压力开关、1 个喷淋头压力传感器、5 个消防喷淋头以及相关管道阀件。

在正常工况下,由压力水柜向管路中补水进行保压。压力水柜上有 3 个液位开关:高水位、低水位和低低水位。当压力水柜向管路中补水后,水柜自身液位会下降,当降至低水位时,启动补水泵,抽取淡水舱的水进行补充,压力水柜液位上升至高水位后,发出信号停止补水。

在火灾工况下,人员使用消火栓灭火时,管路中的水会迅速向外释放,压力水柜液位也迅速下降,降至低低水位后,启动消防泵,由消防泵向管网进行供水,保障供水的流量和压力。

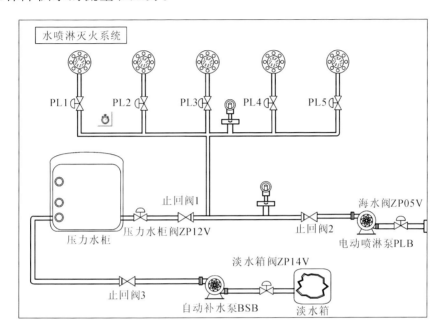

图 4.69　消防水喷淋系统业务流程图

（2）控制流程设计

根据消防水喷淋灭火系统的实际使用状况,将该系统模拟分为三种应用场景:自动控制模式、手动控制模式和故障模式。

① 自动控制模式

在自动控制模式下,船用消防水喷淋系统存在两种运行工况:泄漏补水工况和喷淋补水工况。

泄漏补水工况指消防水喷淋系统正常运行时,系统主水源由压力水柜提供,压力水柜向管路中补水进行保压。当喷淋功能未启用时,压力水柜及相关联管路存在少量泄漏,压力水柜水位会随着时间逐渐下降。压力水柜水位下降到一定值,即低水位时,自动补水泵启动,将淡水箱中的水打入压力水柜。当压力水柜内淡水上升至高水位时,停止自动补水泵,如此循环。泄漏补水流程图如图 4.70 所示。

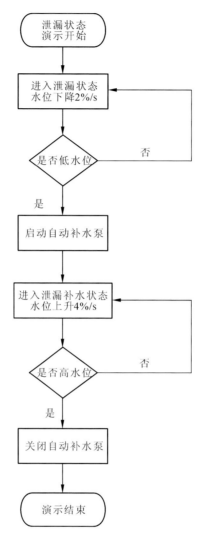

图 4.70　泄漏补水流程图

　　喷淋补水工况指船用消防水喷淋系统正常启用时,人员使用消防喷淋头灭火会导致管路中的水迅速向外释放,喷淋主水源压力水柜水位也迅速下降,当降至低水位时,自动补水泵启动,将淡水从淡水箱中打入压力水柜。此时,补水速度仍然不能满足喷淋用水要求,压力水柜水位继续下降。当压力水柜水位下降至低低水位时,连锁启动电动喷淋泵,从舷侧将海水打入喷淋管路,充当喷淋灭火的主水源。此时,电动喷淋泵和自动补水泵同时运行。由于压力水柜水位降至极低,电动喷淋泵压头远大于自动补水泵压头,压力水柜内淡水无法注入喷淋管路;压力水柜与喷淋管路之间设置有止回阀,喷淋管路海水也无法倒灌入压力水柜中,因此,自动补水泵持续注入淡水后,压力水柜水位会逐渐上升,直至到达高水位,电动喷淋泵和自动补水泵停止,如此循环。喷淋补水流程图如图 4.71 所示。

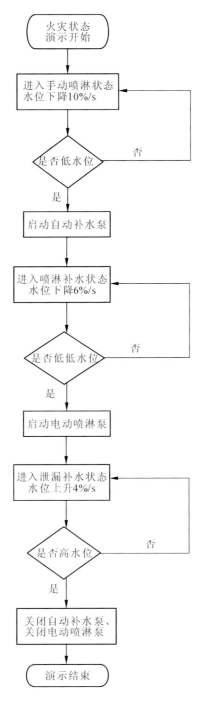

图 4.71　喷淋补水流程图

② 手动控制模式

手动控制模式下,可在监控界面手动启停系统相关的泵、阀等执行器,以达到手动控制喷淋和压力水柜补水的目的。手动操作的执行器包括:1♯ 喷淋阀、2♯ 喷淋阀、3♯ 喷淋阀、4♯ 喷淋阀、5♯ 喷淋阀、海水阀、淡水箱阀、压力水柜阀、自动补水泵、电动喷淋泵。当泵、阀等执行器开启时,监控界面中相关设备的运行状态以数字或者颜色动画形式显示。

③ 故障模式

船用消防水喷淋系统设置有多路传感器,其中部分传感器用来监测系统的故障,包括海水补水管路压力开关、喷淋头压力和压力水柜水位等状态。这些参数设置有手动输入开关,可以模拟产生不同的故障状态,触发相应的自动控制流程。自动控制流程中针对各种故障状态会采取相应的处理措施。

如,当海水补水管路压力开关跳变时,模拟喷淋管路压力低的工况,自动启动电动喷淋泵补水;当喷淋头压力低时,模拟补水误动作的工况,系统停止相关补水执行器的操作;当压力水柜水位越限时,模拟泄漏或者补水工况,系统启动或停止相关补水执行器的操作。

（3）控制测点

图 4.72 所示为系统控制测点参数图,可见,系统采集的控制测点主要类型为:

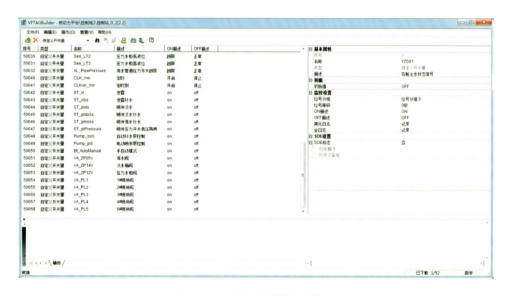

图 4.72　系统控制测点参数图

① 开关量:压力水柜高水位、压力水柜低水位、压力水柜低低水位、海水补水管路压力开关、喷淋阀状态、电动喷淋泵状态、自动补水泵状态、压力水柜阀状态、海水阀状态、淡水箱阀状态。

② 模拟量:压力水柜水位、喷淋头压力。

(4)模型优化

① 优化思路

以消防水喷淋系统控制系统为初始模型,为其建立数据库系统、状态仿真输入系统和数值预测系统进行模型优化。其中,数据库系统完成控制点的存储,并建立控制程序和预测程序之间的数据流;状态仿真输入系统研制控制系统与上位机的 OPC 通信测试,同时作为模型的输入接口;而数值预测系统则完成系统的数值预测。

② 数据库建模

依据消防水喷淋系统的控制流程和关键设备,明确消防水喷淋系统涉及的参数,如表 4.5 所示,根据表格,并综合考虑消防水喷淋系统的状态随时间变化而变化的特点,设计消防水系统 E-R 模型,如图 4.73 所示。

表 4.5　消防水喷淋系统参数表

序号	参数说明	取值范围
1	手动 / 自动控制模式	手动、自动
2	事故工况	自动模式下有意义:火灾、泄漏
3	处理状态	泄漏中、泄漏补水、喷淋
4	启动喷淋	启动、不启动
5	喷淋阀 1 状态	开启、不开启
6	喷淋阀 2 状态	开启、不开启
7	喷淋阀 3 状态	开启、不开启
8	喷淋阀 4 状态	开启、不开启
9	喷淋阀 5 状态	开启、不开启
10	补水泵状态	开启、不开启
11	淡水箱阀状态	开启、不开启
12	压力水柜阀状态	开启、不开启
13	喷淋泵状态	开启、不开启
14	海水阀状态	开启、不开启

续表 4.5

序号	参数说明	取值范围
15	海水管路低压报警	报警(低压)、不报警(未出现低压)
16	喷淋头压力	测量值
17	压力水柜水位	测量值
18	喷淋头压力状态	正常、不正常
19	压力水柜水位预测	预测值
20	预测信号	预测信号

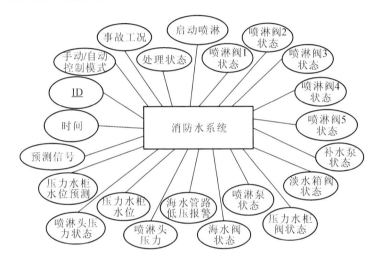

图 4.73　消防水系统 E-R 模型

③ 状态仿真输入

将中控 DCS 控制系统作为数据使用者(OPC 应用程序),读取 Matrikon OPC 中的模拟数据,作为系统的输入,并在控制界面流程上显示。本次模拟选取了船舶运行状态下消防水系统的四个主要参数:温度、湿度、横摇和纵摇。

④ 基于线性回归算法的液位预测模型

本次系统的预测模拟主要对系统中压力水柜的液位进行预测,同时根据液位预测的结果判断喷淋泵和海水泵的状态。

在预测模型的选择上,应该根据实际数据的规律进行选择。如果所选的模型与实际数据规律差距较大,则会出现过拟合或者欠拟合的问题,如图4.74 所示。

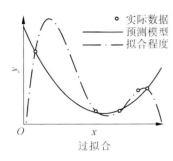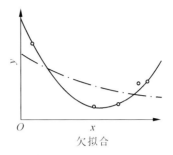

图 4.74 拟合程度示意图

通过对消防水喷淋系统的实际数据进行初步分析,利用作图法观察其大致规律,发现液位随时间呈现周期性的线性变化,为了更好地适应这种规律,选择线性回归模型作为预测模型。

(5)控制模型实现

① 控制程序

船用消防水喷淋系统控制程序依照演示要求,对各个工况的预设参数进行设计。

泄漏补水工况中,压力水柜上有三个液位开关:高水位(80%)、低水位(30%)和低低水位(15%)。当压力水柜向管路中补水后,水柜自身液位会下降,当降至低水位时,启动自动补水泵 BSB,抽取淡水箱的水进行补充,压力水柜液位上升至高水位后,发出信号停止补水。该模式有两种运行状态:泄漏(XL)和泄漏补水(XLBS)。淡水箱中水位模拟泄漏速度 $-2\%/\mathrm{s}$,模拟补水速度 $4\%/\mathrm{s}$。

喷淋补水工况中,当压力水柜降至低低水位后,启动电动喷淋泵(HSB),由电动喷淋泵给喷淋管路进行供水,保障供水的流量和压力。该模式有三种运行状态:喷淋淡水(PLDS)、喷淋淡水补水(PLDSBS)和喷淋海水补水(PLHSBS)。三种模式分别对应淡水箱的水位速度为:$-10\%/\mathrm{s}$、$-6\%/\mathrm{s}$、$4\%/\mathrm{s}$。

② 程序块划分

电动执行机构的控制包括对自动补水泵、电动喷淋泵、喷淋阀等电动执行机构的启动、停止控制,并添加了自动模式、手动模式、故障模式下的控制逻辑要求,具体程序段见图 4.75。在电动执行机构控制状态判断的演示程序中,总共设计有 5 种运行工况,分别为泄漏(XL)、泄漏补水(XLBS)、喷淋淡水(PLDS)、喷淋淡水补水(PLDSBS)和喷淋海水补水(PLHSBS)。

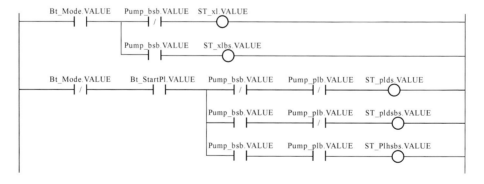

LABEL0:补水泵控制

LABEL1:喷淋泵控制

LABEL2:喷淋头的控制

LABEL3:补水/喷淋状态判断（方便水位控制）

图 4.75　电动执行机构控制程序段

　　水箱水位控制程序段用于自动生成水位的变化，并模拟系统在泄漏、补水、喷淋等状态下水位的实时变化情况，显示界面上有水位的动画展示，能直观地显示水位的变化情况，具体程序段见图 4.76。

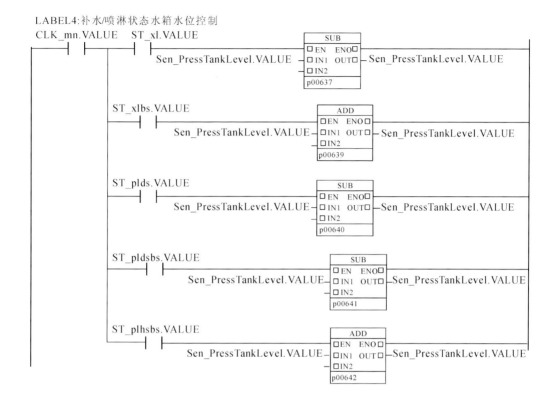

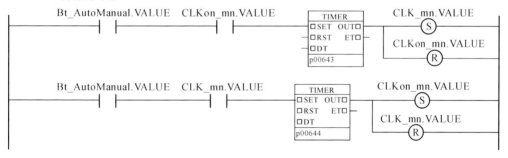

图 4.76 水箱水位控制程序段

图 4.76 所示程序段中还包括了定时程序段,用来控制程序的时序,调整参数显示的节拍。

参数判断程序段用来对系统内几路重要参数进行越限诊断,判断参数是否越限,并连锁启动相关执行器,具体程序段见图 4.77。

程序复位程序段用于演示程序开启或者结束时,可对相关演示参数、中间变量进行复位操作,确保演示程序运行正常。程序复位结束程序段与开启程序段具体见图 4.78 和图 4.79。

LABEL6:参数判断

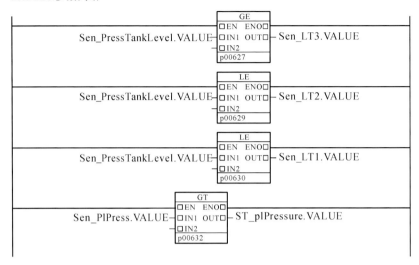

图 4.77　参数判断程序段

LABEL7:演示结束之后整个系统复位

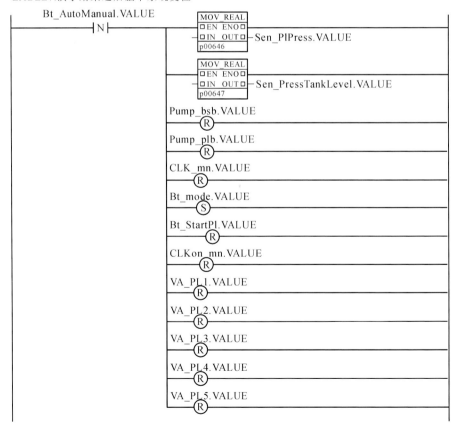

图 4.78　程序复位结束程序段

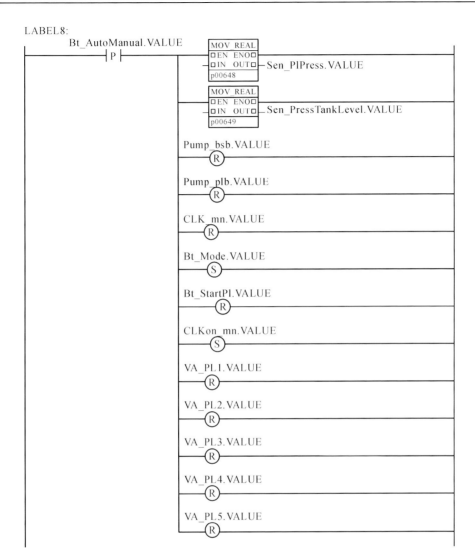

LABEL9:几个演示阀自动开启

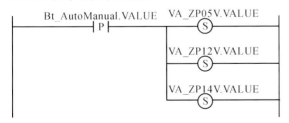

图 4.79　程序复位开启程序段

③ 监控程序

系统的操作界面和控制流程界面应按照控制流程的要求进行设计。操作界面如图 4.80 所示,按照之前的设计要求将界面划分为自动模式、手动模式和传感器模拟模块,同时设置模式切换按钮。

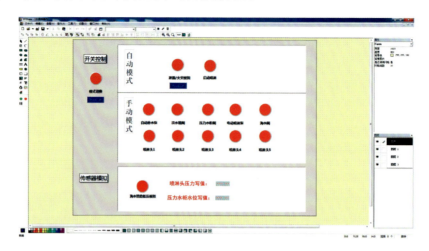

图 4.80　操作界面

控制流程界面如图 4.81 所示,界面左侧为消防水喷淋灭火系统的主要控制流程,右侧为状态显示,包括工况状态显示、设备状态显示、预测状态显示和状态模拟输入数据显示。

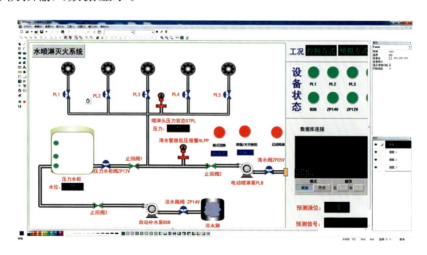

图 4.81　控制流程界面

操作界面和控制流程界面绘制完成后,需要建立控件与采集测点之间的动态链接,同时为了更加高效地进行界面展示,创建控制系统与数据库之间的关系,需要编辑界面脚本完成上述功能。

④ 数据库表格创建

按照数据库建模的结果,在数值实验室 Gbase8s 数据中心中创建消防水喷淋系统数据表,如图 4.82 所示。

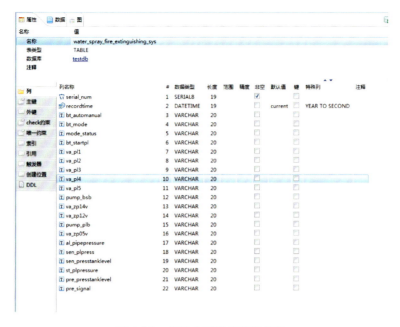

图 4.82　消防水喷淋系统数据表

⑤ 状态仿真模拟

控制系统作为数据使用者，其配置如图 4.83 所示。在消防水喷淋控制系统软件中，使用域组态添加第三方 OPC 服务器，配置域点位，使用域点位参与本地监控系统组态。

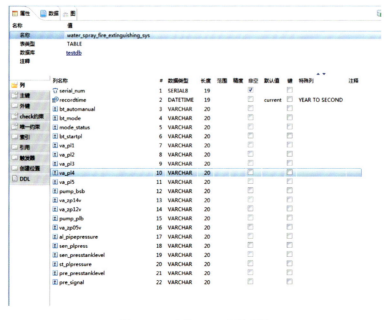

图 4.83　中控 OPC 应用配置

同时,采用第三方 OPC 工具 Matrikon OPC 作为测试数据源与数据使用者,其配置如图 4.84 所示。

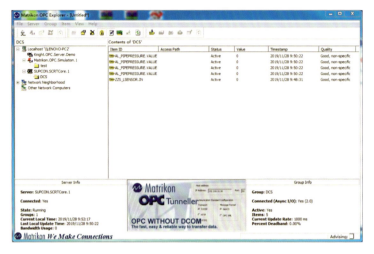

图 4.84　Matrikon OPC 应用配置

⑥ 预测程序实现

预测程序主要包括两部分,即模型建立和数据处理。模型建立可根据已有的数据结合上述 Scikit-learn 机器学习库来建立数据模型,通过数据模型进行预测工作。数据处理部分主要包括从数据库中实时读取数据,根据建立的模型和实时数据对预测数据进行计算,并将计算结果写入数据库中。

⑦ 模型界面实现

图 4.85 所示为漏水模拟模式下正在泄漏工况的展示界面,界面右侧展示了预测程序的液位预测和预测信号的结果,同时也展示了采用 OPC 通信输入的状态仿真值。

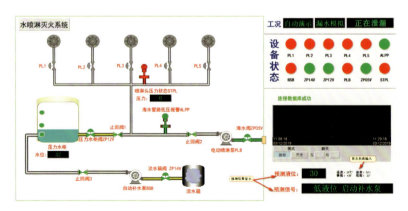

图 4.85　　正在泄漏(漏水模拟)

图 4.86 至图 4.89 所示分别为其他模拟模式下不同工况的运行结果。

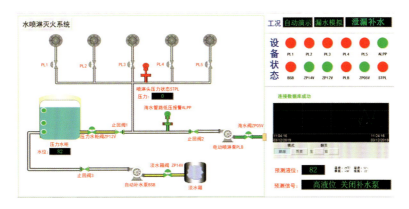

图 4.86　泄漏补水（漏水模拟）

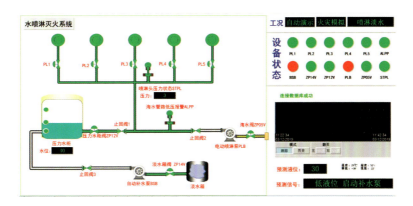

图 4.87　喷淋淡水（火灾模拟）

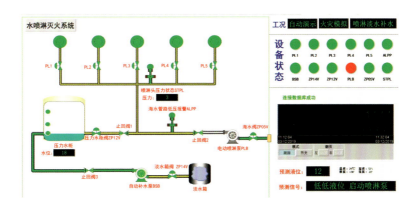

图 4.88　喷淋淡水补水（火灾模拟）

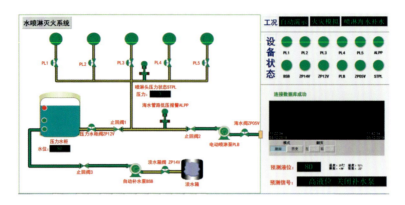

图 4.89　喷淋海水补水(火灾模拟)

4.7　辐射剂量场数值模型

海洋核动力平台堆舱区域设置有辐射屏蔽,用于阻挡和减弱来自反应堆、主冷却剂系统、放射性废物管理系统、核燃料装卸和贮存系统、二回路系统等含放射性系统和设备所发射的中子和 γ 射线,以确保平台各舱室、房间的剂量率水平满足辐射分区要求,确保工作人员受到的辐射照射剂量不超过标准规定的限值并保持在合理可行尽量低的水平。

通过建立辐射剂量场模型,并基于历史辐射监测数据开展剂量场分析和工作人员剂量评价,提取在不同运行工况以及不同操作流程下实际剂量场的变化情况,并基于分析结果提取屏蔽设计可优化以及屏蔽设计较薄弱的部位。

4.7.1　辐射剂量场建模机理

海洋核动力平台辐射屏蔽是保障平台各区域满足辐射分区要求以及保障工作人员辐射安全的重要构筑物。

(1)辐射屏蔽功能规划

根据海洋核动力平台系统设置、舱室划分等将辐射屏蔽分为安全壳屏蔽、核辅设备舱屏蔽、放射性废物转运屏蔽、燃料操作区域屏蔽和乏燃料贮存舱屏蔽,主要满足以下功能:

① 阻止或减弱来自反应堆及其组成部件产生的中子和 γ 辐射,使安全壳内辐射水平降到合理可行尽量低的水平;

② 阻止或减弱一次屏蔽表面泄漏出的中子和 γ 射线以及一回路系统设备

中的 γ 射线对安全壳相邻舱室的辐射照射,使屏蔽后剂量率水平满足辐射分区要求,使停堆后安全壳内满足可进入要求;

③ 阻止或减弱乏燃料水池内贮存的乏燃料组件所发射的中子和 γ 射线,使屏蔽后剂量率满足辐射分区要求;

④ 阻止或减弱放射性废物管理系统中处理和贮存的放射性废气、废液以及废固设备发射的 γ 射线,使屏蔽后剂量率满足辐射分区要求;

⑤ 阻止或减弱换料过程中相关的高放射性设备和部件发射的中子和 γ 射线,使屏蔽后剂量率满足辐射分区要求或为制定适当的、合理的辐射防护措施提供指导;

⑥ 评估放射性废物转运过程中对区域剂量率水平的影响,并确定相应的辐射防护措施。

（2）辐射屏蔽限值设计

根据《电离辐射防护与辐射源安全基本标准》（GB 18871—2002）的规定,应确保职业照射水平不超过下述限值:

① 由审管部门决定的连续 5 年的年平均有效剂量(但不可做追溯性平均),20mSv;

② 任何一年中的有效剂量,50mSv;

③ 眼晶体的年当量剂量,150mSv;

④ 四肢(手和足)或皮肤的年当量剂量,500mSv。

此外,对公众、特殊人群等的辐射照射剂量限值以及表面污染规定等均需满足 GB 18871—2002 的相关规定和要求。

根据《XX 核动力装置设计安全规定　第 21 部分:辐射屏蔽设计准则》（GJB 843.21A—2006）,一次屏蔽外表面应满足以下设计限值:

① 快中子($E \geqslant 1\mathrm{MeV}$)注量率一般为 $1.0 \times 10^3 \mathrm{n/(cm^2 \cdot s)}$;

②γ 射线能量注量率为 $6.0 \times 10^6 \mathrm{Mev/(cm^2 \cdot s)}$;

③ 热中子注量率为 $1.0 \times 10^5 \mathrm{n/(cm^2 \cdot s)}$;

④ 停堆 30min,一次屏蔽外表面剂量率小于 2mSv/h;

⑤ 反应堆压力容器底部支撑甲板 40 年累积快中子注量小于 $1.0 \times 10^{17} \mathrm{n/cm^2}$。

（3）辐射剂量场建模思路

海洋核动力平台在进行人员剂量评价时,由于无历史运行测量和经验数据作为参考,因此在现阶段只能根据辐射分区上限值或辐射剂量场计算值来进行评估。同时,辐射屏蔽设计输入大多比较保守,计算得到的各部位屏蔽厚度以及各舱室、房间的剂量场大多也较为保守,最后得到的人员剂量评价结果可能偏大。此外,由于安装方式不当或疏漏,局部区域会存在屏蔽薄弱部位。为解决或优化上述存在的问题,主要开展以下三方面的建模研究:

① 利用固定式或移动式辐射探测器对不同运行工况下海洋核动力平台各舱室、房间内的剂量率水平进行监测,并将监测结果传输、存储到数值模型,数值模型根据相关数据做出剂量场分布数据表和三维彩图,以清晰反映不同位置的剂量场分布情况,更精准快速地找出辐射屏蔽的薄弱部位。

② 利用 ① 研究得到的实测剂量场分布,分析并找出过度屏蔽(屏蔽太过保守)的区域,然后根据数值模型嵌入的屏蔽计算程序进行迭代优化计算,得到更为优化的屏蔽设计方案,减轻后续船型的重量和经济负担。

③ 利用 ① 研究得到的实测剂量场分布,预测海洋核动力平台人员剂量评价的实际结果,并与设计值进行比较;或者利用 ① 和 ② 研究得到的结果预测后续船型剂量评价的结果。

4.7.2　辐射剂量场初始模型

辐射剂量场初始模型为辐射屏蔽系统多个输入文件组成的集成化仿真计算及显示模型,实现辐射屏蔽系统和平台辐射监测系统各固定式和便携式监测和探测仪表数据的采集、存储、处理、显示、管理和预警等多项功能。初始模型涵盖管理系统界面以及完备数据库,主要记录、处理和分析以下数据:

监测数据:各个固定式监测仪表实时动态监测数据,以及不同运行工况和人员操作情况下各个便携式仪表全部监测数据;

特征数据:屏蔽设计数据以及屏蔽安装数据;

状态数据:设备日常维护及检修、平台换料、中修、大修期间进出各个舱室人员数量数据、每一操作的人员站位数据、每项操作的操作时间数据等。

通过数据库和前台的关联,可实现平台服役期间上述数据的存储,同时可采用三维显示技术显示不同运行工况及不同操作情况下,主要舱室和各房间内的剂量场分布情况,将平台服役期间所有数据和屏蔽设计优化以及人员剂量评价关联起来。基于蒙特卡罗计算方法和计算程序,实现剂量场的计算和屏蔽设计的优化,经过与监测数据对比分析对辐射屏蔽系统进行安全校核、风险评估,并对全寿期不同种类操作情况下的集体剂量值进行预测,为今后船型提供参考依据。

（1）模型构建及实现

屏蔽计算模型构建需要的设计输入包括源项数据（几何分布以及能谱分布）；舱室或房间结构、材料、尺寸；系统设备结构、材料、尺寸；屏蔽结构、材料及厚度。设计输出包括屏蔽前后单个粒子对不同舱室不同位置处产生的剂量率分布。通过对输出数据进行整理，得到该辐射源对本舱室及相邻舱室产生的剂量场分布情况。

屏蔽计算建模过程如图 4.90 所示，程序运行界面如图 4.91 所示，通过并行运算可加快运行速度，通过 PRDMP 打印及转储周期卡可提前检验程序运行结果是否符合实际及要求；程序结果输出界面如图 4.92 所示，包括计数坐标、计数结果及计数误差；经过数据处理得到的剂量场分布如图 4.93 所示。对于剂量场分布，也可利用专门软件绘制三维图形，使结果显示更直观。

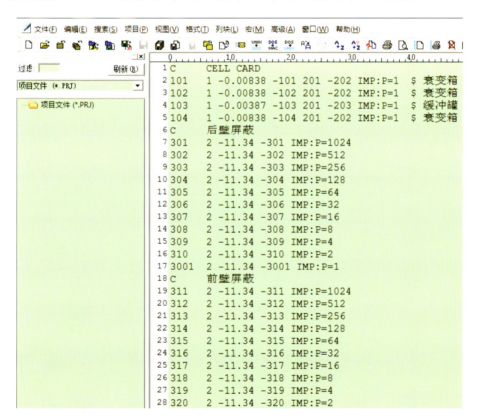

图 4.90　屏蔽计算建模过程

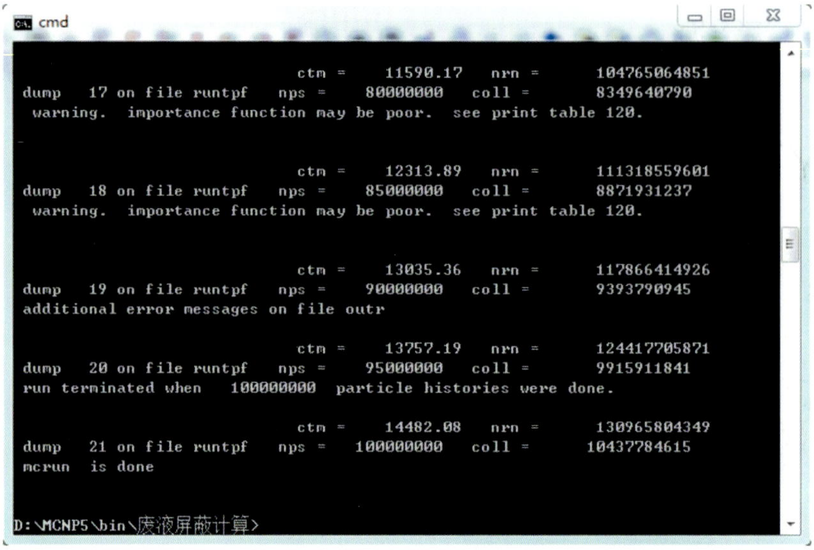

```
cmd
                              ctm =     11590.17    nrn =        104765064851
dump   17 on file runtpf   nps =     80000000   coll =        8349640790
 warning.  importance function may be poor.  see print table 120.

                              ctm =     12313.89    nrn =        111318559601
dump   18 on file runtpf   nps =     85000000   coll =        8871931237
 warning.  importance function may be poor.  see print table 120.

                              ctm =     13035.36    nrn =        117866414926
dump   19 on file runtpf   nps =     90000000   coll =        9393790945
additional error messages on file outr

                              ctm =     13757.19    nrn =        124417705871
dump   20 on file runtpf   nps =     95000000   coll =        9915911841
run terminated when   100000000  particle histories were done.

                              ctm =     14482.08    nrn =        130965804349
dump   21 on file runtpf   nps =    100000000   coll =       10437784615
mcrun  is done

D:\MCNP5\bin\废液屏蔽计算>
```

图 4.91　程序运行界面

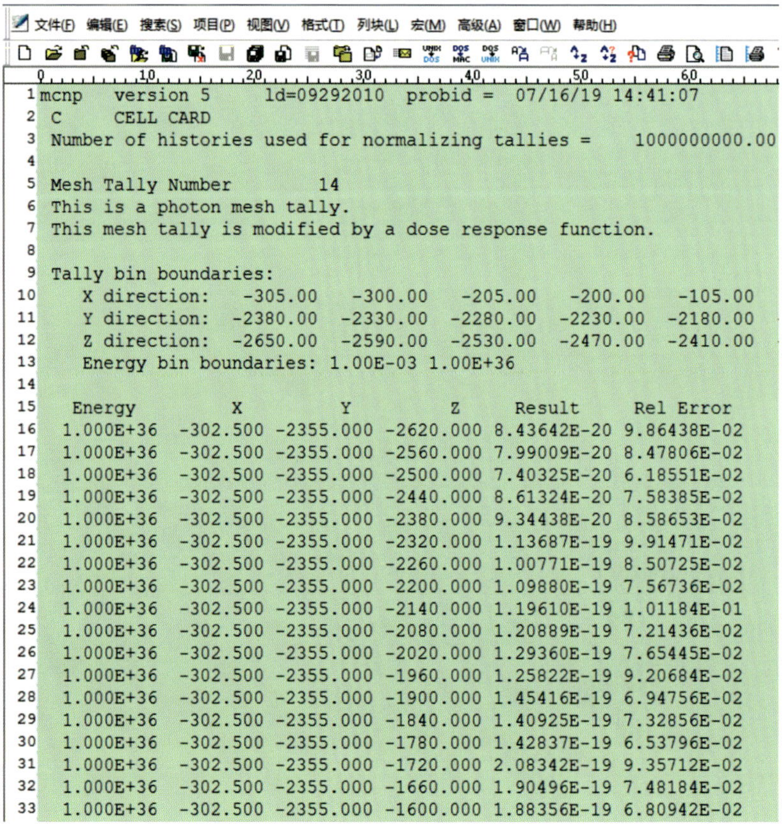

```
文件(F) 编辑(E) 搜索(S) 项目(P) 视图(V) 格式(T) 列块(L) 宏(M) 高级(A) 窗口(W) 帮助(H)
mcnp    version 5     ld=09292010  probid =  07/16/19 14:41:07
 C      CELL CARD
 Number of histories used for normalizing tallies =     1000000000.00

 Mesh Tally Number         14
 This is a photon mesh tally.
 This mesh tally is modified by a dose response function.

 Tally bin boundaries:
    X direction:    -305.00    -300.00    -205.00    -200.00    -105.00
    Y direction:   -2380.00   -2330.00   -2280.00   -2230.00   -2180.00
    Z direction:   -2650.00   -2590.00   -2530.00   -2470.00   -2410.00
    Energy bin boundaries: 1.00E-03 1.00E+36

   Energy         X          Y          Z       Result      Rel Error
  1.000E+36  -302.500 -2355.000 -2620.000 8.43642E-20 9.86438E-02
  1.000E+36  -302.500 -2355.000 -2560.000 7.99009E-20 8.47806E-02
  1.000E+36  -302.500 -2355.000 -2500.000 7.40325E-20 6.18551E-02
  1.000E+36  -302.500 -2355.000 -2440.000 8.61324E-20 7.58385E-02
  1.000E+36  -302.500 -2355.000 -2380.000 9.34438E-20 8.58653E-02
  1.000E+36  -302.500 -2355.000 -2320.000 1.13687E-19 9.91471E-02
  1.000E+36  -302.500 -2355.000 -2260.000 1.00771E-19 8.50725E-02
  1.000E+36  -302.500 -2355.000 -2200.000 1.09880E-19 7.56736E-02
  1.000E+36  -302.500 -2355.000 -2140.000 1.19610E-19 1.01184E-01
  1.000E+36  -302.500 -2355.000 -2080.000 1.20889E-19 7.21436E-02
  1.000E+36  -302.500 -2355.000 -2020.000 1.29360E-19 7.65445E-02
  1.000E+36  -302.500 -2355.000 -1960.000 1.25822E-19 9.20684E-02
  1.000E+36  -302.500 -2355.000 -1900.000 1.45416E-19 6.94756E-02
  1.000E+36  -302.500 -2355.000 -1840.000 1.40925E-19 7.32856E-02
  1.000E+36  -302.500 -2355.000 -1780.000 1.42837E-19 6.53796E-02
  1.000E+36  -302.500 -2355.000 -1720.000 2.08342E-19 9.35712E-02
  1.000E+36  -302.500 -2355.000 -1660.000 1.90496E-19 7.48184E-02
  1.000E+36  -302.500 -2355.000 -1600.000 1.88356E-19 6.80942E-02
```

图 4.92　程序结果输出界面

X	Z/Y	75	275	475	675	875	1075	1275	1475	1675	1875	2075	2275	2325	2475	2675	2875
90	75	1.29	1.51	1.86	2.32	2.84	3.63	4.68	6.42	9.06	13.76	22.10	42.48	51.96	—	—	—
90	125	1.24	1.46	1.77	2.18	2.83	3.71	4.80	6.45	9.22	14.15	22.93	44.88	55.74	—	—	—
90	175	1.37	1.58	1.94	2.27	2.76	3.58	4.86	6.43	9.24	13.41	22.22	42.64	52.54	—	—	—
90	225	1.30	1.55	1.82	2.29	2.80	3.59	4.68	6.26	8.85	13.30	21.29	37.06	43.29	—	—	—
210	75	1.35	1.54	1.89	2.27	2.76	3.57	4.87	6.53	9.58	15.19	26.69	55.48	68.22	—	—	—
210	125	1.30	1.56	1.80	2.26	2.83	3.60	4.75	6.61	9.80	15.12	27.36	59.34	74.18	—	—	—
210	175	1.26	1.52	1.87	2.28	2.88	3.67	4.85	6.67	9.55	15.35	27.05	56.55	69.97	—	—	—
210	225	1.37	1.56	1.92	2.33	2.92	3.81	4.88	6.69	9.73	14.84	25.60	48.13	56.48	—	—	—
330	75	1.33	1.59	1.84	2.24	2.84	3.70	4.83	6.65	9.63	15.09	26.76	55.44	68.90	—	—	—
330	125	1.37	1.63	1.95	2.36	2.90	3.64	4.89	6.78	9.92	15.27	27.25	59.28	75.19	—	—	—
330	175	1.34	1.56	1.94	2.38	3.03	3.83	5.05	6.74	9.88	15.13	26.63	56.82	70.92	—	—	—
330	225	1.40	1.59	1.86	2.26	2.82	3.65	4.72	6.52	9.21	14.43	24.93	48.20	56.83	—	—	—
450	75	1.26	1.52	1.91	2.30	2.81	3.46	4.60	6.12	8.73	13.13	21.70	40.75	49.48	—	—	—
450	125	1.33	1.56	1.89	2.36	2.86	3.52	4.56	6.25	9.00	13.32	22.32	43.31	53.48	—	—	—
450	175	1.33	1.51	1.82	2.30	2.75	3.51	4.57	6.24	8.83	13.21	21.70	41.54	50.73	—	—	—
450	225	1.32	1.53	1.83	2.15	2.76	3.50	4.49	6.01	8.71	12.77	20.38	35.49	41.11	—	—	—
570	75	1.29	1.45	1.76	2.18	2.68	3.44	4.19	5.46	7.59	10.46	14.09	15.18	11.07	13.23	16.34	7.25
570	125	1.30	1.52	1.78	2.17	2.65	3.30	4.13	5.34	7.53	10.44	14.42	15.93	11.51	14.66	18.12	8.05
570	175	1.33	1.56	1.87	2.17	2.63	3.34	4.12	5.53	7.51	10.17	14.30	15.27	10.95	13.61	16.89	7.42
570	225	1.26	1.52	1.80	2.30	2.59	3.26	4.18	5.45	7.43	10.16	13.89	13.47	9.65	10.57	13.24	6.01
690	75	1.21	1.34	1.70	1.97	2.38	3.07	3.68	4.62	5.85	6.93	6.73	2.89	3.50	6.28	11.05	6.01
690	125	1.21	1.35	1.69	2.03	2.39	3.00	3.76	4.78	5.80	6.91	6.94	3.05	3.65	6.71	11.65	6.46
690	175	1.20	1.37	1.68	1.93	2.44	3.06	3.78	4.65	5.80	6.96	6.76	3.00	3.53	6.36	11.26	6.28
690	225	1.26	1.39	1.70	2.06	2.44	3.07	3.72	4.74	5.78	6.97	6.53	2.79	3.20	5.57	9.81	5.52
810	75	1.14	1.28	1.56	1.92	2.21	2.62	3.11	3.59	4.05	4.00	2.71	2.47	3.12	3.66	7.34	4.79
810	125	1.17	1.33	1.50	1.88	2.19	2.75	3.08	3.60	4.05	4.09	2.82	2.51	3.22	3.85	7.50	4.99
810	175	1.15	1.37	1.61	1.89	2.17	2.59	3.13	3.65	4.11	4.09	2.83	2.49	3.16	3.70	7.50	4.85
810	225	1.13	1.32	1.62	1.90	2.24	2.64	3.13	3.65	3.94	3.91	2.77	2.37	2.98	3.47	6.92	4.48
930	75	1.11	1.25	1.46	1.68	2.00	2.18	2.44	2.69	2.65		1.53	2.13	2.48	2.39	5.18	3.76
930	125	1.04	1.29	1.48	1.68	1.97	2.19	2.50	2.73	2.72	2.32	1.51	2.20	2.51	2.48	5.32	3.86
930	175	1.13	1.25	1.44	1.63	1.97	2.19	2.46	2.70	2.78	2.28	1.53	2.17	2.49	2.40	5.25	3.83
930	225	1.15	1.29	1.45	1.67	1.94	2.23	2.46	2.65	2.22		1.48	2.07	2.39	2.30	5.06	3.66
1050	75	1.05	1.20	1.34	1.43	1.60	1.75	1.97	1.91	1.72	1.33	1.15	1.77	1.91	1.58	3.01	3.01
1050	125	1.05	1.19	1.34	1.46	1.66	1.77	1.98	1.96	1.78	1.34	1.17	1.78	1.96	1.64	3.06	3.10
1050	175	1.02	1.09	1.31	1.47	1.61	1.77	1.91	1.98	1.76	1.39	1.16	1.79	1.95	1.59	3.07	3.04
1050	225	1.07	1.12	1.33	1.52	1.67	1.83	1.94	1.94	1.77	1.37	1.12	1.76	1.87	1.53	2.99	2.99
1170	75	0.97	1.00	1.09	1.29	1.35	1.50	1.41	1.43	1.14	0.90	1.01	1.47	1.51	1.11	2.22	1.95
1170	125	0.97	1.02	1.14	1.28	1.30	1.51	1.45	1.40	1.18	0.90	1.01	1.45	1.52	1.14	2.24	2.01
1170	175	0.93	1.08	1.14	1.24	1.40	1.42	1.51	1.37	1.19	0.93	1.01	1.46	1.53	1.11	2.26	2.02
1170	225	0.92	1.02	1.14	1.29	1.35	1.49	1.45	1.39	1.20	0.93	1.00	1.42	1.48	1.09	2.19	1.98
1290	75	0.79	0.91	1.01	1.04	1.20	1.11	1.16	1.02	0.82	0.73	0.91	1.20	1.17	0.83	1.72	1.42
1290	125	0.88	0.93	1.07	1.08	1.16	1.15	1.13	1.06	0.84	0.75	0.92	1.19	1.18	0.87	1.74	1.48
1290	175	0.89	1.01	1.00	1.09	1.17	1.21	1.14	1.06	0.87	0.77	0.93	1.19	1.20	0.85	1.73	1.46
1290	225	0.88	0.92	1.03	1.11	1.19	1.18	1.10	1.02	0.84	0.73	0.90	1.15	1.16	0.83	1.70	1.43

图 4.93　处理数据得到剂量场分布

（2）舱室剂量率分布板块

舱室剂量率分布板块分为数据板块和图形板块。

数据板块主要记录反应堆在不同运行工况下、放射性废物不同容量下、乏燃料水池不同容量下、换料过程中、放射性废物转运过程中以及人员不同操作情况下，各舱室、房间内固定式监测仪表的实时监测数据，以及便携式仪表的探测数据。这些数据可由相关人员通过输入反应堆运行工况、放射性废物容量、乏池容量、舱室名称、房间名称、换料过程、放射性废物转运过程等参数来随时查阅。

图形板块主要对上述记录数据进行处理，并且通过三维技术显示各舱室、房间内的剂量场分布情况。

通过数据板块和图形板块相结合，可确定各舱室、房间剂量率水平是否符合当前辐射分区要求，并分析屏蔽设计或屏蔽安装的薄弱区域、辐射"热点"区域以及过度屏蔽区域，为辐射防护措施提供指导，为海洋核动力平台安全服役提供安全保障和技术支持，为屏蔽设计优化提供依据。

（3）人员操作频次记录板块

人员操作频次记录板块主要记录人员操作位置（舱室名称或房间名称）、操作类型（包括反应堆运行和维修、例行检查和维修、在役检查、特种维修、废物处理、燃料操作等项目）、维修设备名称、操作人数、操作时间等相关参数。

（4）剂量评价预测板块

剂量评价预测板块主要是结合人员操作频次记录板块以及舱室剂量率分布板块中记录的在人员操作时各舱室、房间的剂量率分布情况，计算各操作类型下的集体剂量数值，并对海洋核动力平台整个寿期内的集体剂量结果进行合理预测。

（5）屏蔽设计参数和计算程序板块

该板块记录了海洋核动力平台当前全部屏蔽设计参数，收录了全部屏蔽计算程序。用户可通过输入屏蔽组成（包括安全壳屏蔽、核辅设备舱屏蔽、放射性废物转运屏蔽、燃料操作区域屏蔽以及乏燃料贮存舱屏蔽及上述屏蔽组成的子项目），获得海洋核动力平台当前屏蔽设计参数以及相应的屏蔽计算程序。

该板块同时具有数据处理功能，可自动或半自动处理 MCNP 程序计算结果，将其转化为剂量率数据，并通过对各计算程序结果进行求和得到综合考虑平台所有辐射源项后某舱室或房间的剂量率分布情况。

4.8　稳压器数值模型

稳压器是海洋核动力平台反应堆冷却剂系统的重要设备之一，用于调节反应堆冷却剂系统因负荷瞬态引起的正波动和负波动。在正波动时，喷雾阀开启向稳压器汽空间喷放欠饱和水以冷凝容器内的蒸汽，防止稳压器压力超过正常波动范围。在负波动时，通过水的闪蒸和电加热器元件自动启动产生蒸汽，使压力维持在反应堆紧急停堆整定值以上。通过建立稳压器的数值模型，可以描述稳压器的动态特性，反映反应堆冷却剂系统的压力变化情况。

4.8.1　稳压器建模机理

核动力装置功率动态变化时，一回路冷却剂平均温度发生变化，冷却剂体积随之改变，引起一回路系统中的压力变化，从而造成稳压器产生相应的动态响应。

　　为了描述稳压器动态特性,所使用的数值模型通常可分为平衡态模型和非平衡态模型,其主要区别在于平衡态模型假设稳压器内的气液两相始终处于饱和状态,而非平衡态模型则考虑了气液两相的过冷和过热状态。

　　平衡态模型计算简便,但是在工程实际中,稳压器在动态变化时,尤其在快速变化的过程中,气液两相均处于非平衡状态,若利用平衡态模型进行计算,其计算结果偏差较大。因此,目前多采用非平衡态模型进行模拟仿真,非平衡态模型常用的有二区非平衡态模型、三区非平衡态模型及多区非平衡态模型。其中,较为常用的模型是二区非平衡态模型,该模型只将稳压器容积分为上部气相和下部液相,在多数情况下都可以满足工程仿真精度的要求。

　　二区非平衡态模型[20]的基本假设如下:

　　(1)稳压器上部区域为气相空间,只存在蒸汽,下部为液相空间,只存在液体,即稳压器中只有一个气液界面;

　　(2)稳压器内部压力处处相同;

　　(3)不考虑喷雾水以及喷雾液滴外表面的凝结液和稳压器内表面上的凝结液到达下部液相区域的时间;

　　(4)考虑气相和液相的聚集态因压力改变而发生变化,即允许液体闪发蒸发生成蒸汽气泡和蒸汽凝结为新的液滴;

　　(5)不考虑闪发气泡和凝结液滴进入气相区和液相区的时间。

　　气相区和液相区间的质量流量及波动水流量的交换如图 4.94 所示。

　　稳压器内相关的质量方程、能量方程及界面质量和能量交换条件方程如下:

气相质量方程

$$\frac{\mathrm{d}}{\mathrm{d}t}(M_v) = G_{vs} \tag{4.23}$$

液相质量方程

$$\frac{\mathrm{d}}{\mathrm{d}t}(M_f) = G_{fs} + G_{sp} + G_{su} \tag{4.24}$$

气相能量方程

$$\frac{\mathrm{d}}{\mathrm{d}t}(Mv)_v = G_{vs}i_{vs} + \dot{Q}_{vs} - \dot{W}_{vs} \tag{4.25}$$

液相能量方程

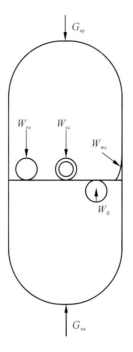

G_{sp}— 喷雾水流量；W_{ro}— 新的液滴质量；W_{wc}— 稳压器内表面凝结液质量；W_{sc}—
喷雾液滴外表面凝结液质量；W_{fl}— 蒸汽气泡质量；G_{su}— 波动水流量

图 4.94　气相区和液相区间的质量流量及波动水流量的交换

$$\frac{\mathrm{d}}{\mathrm{d}t}(Mv)_f = G_{fs}i_{fs} + \dot{Q}_{fs} - \dot{W}_{fs} + (G \cdot i)_{sp} + (G \cdot i)_{su} + \dot{Q}_h - \dot{Q}_w$$

$$(4.26)$$

气-液界面质量交换条件

$$G_{vs} = - G_{fs} \qquad (4.27)$$

气-液界面能量交换条件

$$G_{vs}i_{vs} + \dot{Q}_{vs} - \dot{W}_{vs} + \dot{m}_{fs}i_{fs} + \dot{Q}_{fs} - \dot{W}_{fs} = 0 \qquad (4.28)$$

气相和液相的功量变化率为

$$\left.\begin{array}{l} \dot{W}_{vs} = p\,\dfrac{\mathrm{d}}{\mathrm{d}t}(Mv)_v \\[3mm] \dot{W}_{fs} = p\,\dfrac{\mathrm{d}}{\mathrm{d}t}(Mv)_f \end{array}\right\} \qquad (4.29)$$

容积控制方程

$$\frac{\mathrm{d}}{\mathrm{d}t}\big[(Mv)_v + (Mv)_f\big] = 0 \qquad (4.30)$$

状态方程

$$\left.\begin{array}{l} v_{\rm v} = v_{\rm v}(p, u_{\rm v}) \\ v_{\rm f} = v_{\rm f}(p, u_{\rm f}) \\ i_{\rm vs} = i_{\rm vs}(p, u_{\rm v}) \\ i_{\rm fs} = i_{\rm fs}(p, u_{\rm f}) \end{array}\right\} \tag{4.31}$$

其中，p 为稳压器的工作压力；$G_{\rm vs}$、$i_{\rm vs}$ 和 $G_{\rm fs}$、$i_{\rm fs}$ 分别为穿过气液界面的总的气相和液相质量流量及比焓；$G_{\rm su}$ 和 $i_{\rm su}$ 分别为波动水的质量流量和比焓；$G_{\rm sp}$ 和 $i_{\rm sp}$ 分别为喷淋水的质量流量和比焓；$\dot{Q}_{\rm vs}$ 和 $\dot{W}_{\rm vs}$ 分别为通过气 - 液界面进入气相的能量和气相的功量；$\dot{Q}_{\rm fs}$ 和 $\dot{W}_{\rm fs}$ 分别为通过气 - 液界面进入液相的能量和液相的功量；$\dot{Q}_{\rm h}$ 为电加热器加热功率；$\dot{Q}_{\rm w}$ 为壁面散热量；$M_{\rm v}$ 和 $M_{\rm f}$ 分别为气液两相的质量；$u_{\rm v}$ 和 $u_{\rm f}$ 分别为气液两相的比内能；$i_{\rm g}$ 和 $i_{\rm l}$ 为对应压力的饱和气相比焓和液相比焓；$v_{\rm v}$ 和 $v_{\rm f}$ 为气液两相的比体积。

同时，可得穿越气液界面的质量和能量交换条件如下：

$$\left.\begin{array}{l} G_{\rm vs} = -W_{\rm fl} - W_{\rm ro} - W_{\rm sc} - W_{\rm wc} \\ G_{\rm fs} = W_{\rm fl} + W_{\rm ro} + W_{\rm sc} + W_{\rm wc} \end{array}\right\} \tag{4.32}$$

$$\left.\begin{array}{l} W_{\rm fl} \cdot r + \dot{Q}_{\rm fs} = 0 \\ -W_{\rm ro} \cdot r + \dot{Q}_{\rm vs} = 0 \\ W_{\rm sc} = G_{\rm sp}\left(\dfrac{i_{\rm l} - i_{\rm sp}}{r}\right) \\ W_{\rm wc} = \dfrac{\dot{Q}_{\rm w}}{r} \end{array}\right\} \tag{4.33}$$

其中，r 为汽化潜热。

4.8.2 稳压器初始模型

利用 FORTRAN 语言编写稳压器仿真程序，其计算流程如图 4.95 所示。

稳压器仿真程序编写并且调试完成后，利用此程序来对具体升功率瞬态工况进行仿真，模拟稳压器在升功率工况下的动态响应特性。

反应堆功率以稳态运行 400 s 后，进行升功率，稳压器产生正波动。程序所仿真的稳压器动态特性如图 4.96 至图 4.98 所示。

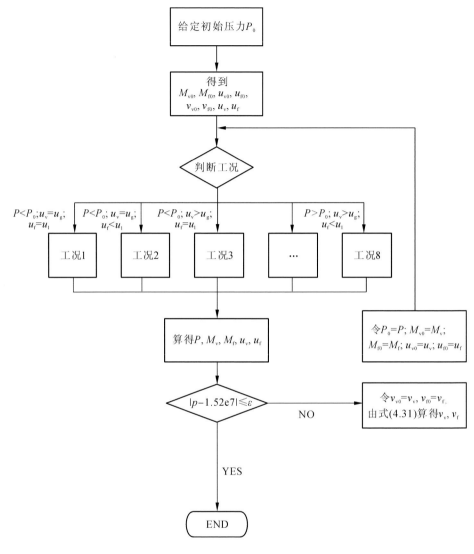

图 4.95　计算流程图

　　由图 4.96 可以看出,在 400s 之前即在反应堆以稳态运行时,稳压器的工作压力稳定在 14.0MPa 左右,符合稳压器正常运行压力,气液两相的质量也都保持在稳定值,说明此仿真程序能够精确地仿真反应堆稳态运行时的工况。

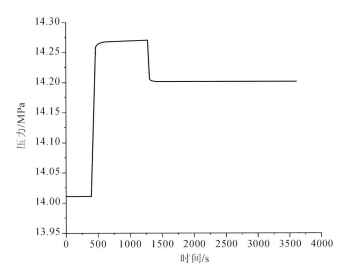

图 4.96 稳压器压力变化情况

而在 400s 之后即反应堆开始升功率,冷却剂平均温度升高,体积膨胀,膨胀的冷却剂通过波动管流入稳压器中,稳压器蒸汽空间的蒸汽被压缩,液相质量开始增加(图 4.97),稳压器的压力开始上升。在 500s 左右,开始进行喷淋(图 4.98),抑制稳压器压力的升高,稳压器的压力开始逐渐下降,最终使稳压器压力稳定在 14.2MPa,喷淋结束。

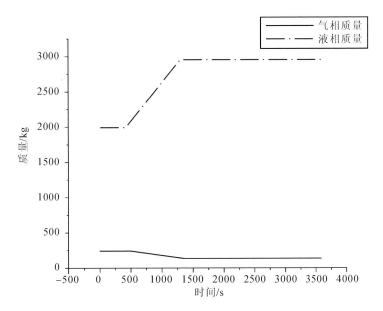

图 4.97 气、液相质量变化情况

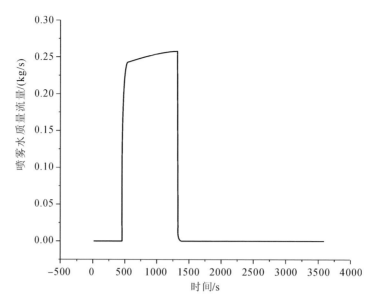

图 4.98　喷淋流量变化情况

4.9　主泵数值模型

　　主泵是反应堆冷却剂系统中最重要的设备之一,其主要功能是强迫冷却剂循环,使被加热的冷却剂通过蒸汽发生器,然后再返回反应堆。主泵的启动、运行、停止等特性对核动力装置一回路系统的正常运行及反应堆的安全都会产生重要影响。在进行核动力装置主冷却剂系统的设计、运行和安全分析时,要考虑主泵的启动过程、工况的过渡过程、事故断电、惰走特性及反向流动特性。

　　通过研究主泵的过渡过程,可以揭示主泵及核动力装置系统在可能经历的各种过渡过程中的动态特性,并寻求改善这些动态特性的措施以及合理的运行和控制方式,继而提高主泵的安全可靠性。完善的主泵模型是提高反应堆冷却剂系统瞬态特性分析准确性和可靠性的基础,其中主泵的特性参数及四象限特性曲线对建立完善的水泵模型至关重要。

4.9.1　主泵建模机理

（1）异步电机电磁转矩模型

异步电机在特定转速和额定转速下的电磁转矩表达式[21]为

$$\left.\begin{array}{l} T_{\mathrm{E}} = \dfrac{mPU^2 \dfrac{r'_2}{s}}{2\pi f\left[\left(r_1 + \sigma\dfrac{r'_2}{s}\right)^2 + (X_1 + \sigma X'_2)^2\right]} \\[4ex] T_{\mathrm{E,ref}} = \dfrac{mPU^2 \dfrac{r'_2}{s_{\mathrm{ref}}}}{2\pi f\left[\left(r_1 + \sigma\dfrac{r'_2}{s_{\mathrm{ref}}}\right)^2 + (X_1 + \sigma X'_2)^2\right]} \end{array}\right\} \tag{4.34}$$

其中，T_{E} 和 $T_{\mathrm{E,ref}}$ 分别为某一转速和额定转速下的电磁转矩；m 为定子绕组相数；P 为极对数；U 为电压；f 为电网频率；r_1 为定子电阻；r'_2 为转子的折算电阻（经绕组和频率折算）；X_1 为定子漏抗；X'_2 为转子不动时的折算漏抗（经绕组和频率折算）；σ 为校正系数；s 为转子转差率；s_{ref} 为额定转速下转子转差率。

转差率 s 的表达式为

$$s = \frac{n - n_0}{n_0} \tag{4.35}$$

其中，n_0 为电机同步转速；n 为电机转速。

整理式(4.34)，可得

$$T_{\mathrm{E}} = T_{\mathrm{E,ref}} \frac{s_{\mathrm{ref}}}{s} \frac{\left(r_1 + \sigma\dfrac{r'_2}{s_{\mathrm{ref}}}\right)^2 + (X_1 + \sigma X'_2)^2}{\left(r_1 + \sigma\dfrac{r'_2}{s}\right)^2 + (X_1 + \sigma X'_2)^2} \tag{4.36}$$

令

$$A = T_{\mathrm{E,ref}} s_{\mathrm{ref}} \left(r_1 + \sigma\frac{r'_2}{s_{\mathrm{ref}}}\right)^2 + (X_1 + \sigma X'_2)^2 \tag{4.37}$$

则电磁转矩可表示为

$$T_{\mathrm{E}} = \frac{A}{s\left[\left(r_1 + \sigma\dfrac{r'_2}{s}\right)^2 + (X_1 + \sigma X'_2)^2\right]} \tag{4.38}$$

（2）摩擦转矩模型

泵的机械损失主要包括圆盘摩擦损失、轴承和轴端密封摩擦损失，其中圆盘摩擦损失通常占主要部分。在这些损失中，圆盘摩擦损失与转速的三次方成正比，填料函内摩擦损失和转速成正比，轴承内摩擦损失和转速的平方成正比。

除此之外，在主泵启动瞬间会存在静摩擦转矩，该转矩只是在机组启动瞬间才起作用,在机组启动后很快消失并成为水力阻力的一部分。

综合以上几种损失的特点,并考虑主泵的工作特点,主泵的摩擦转矩可近似表示为

$$T_f = a_0 + a_1 n + a_2 n^2 + a_3 n^3 \qquad (4.39)$$

其中,a_0、a_1、a_2 和 a_3 为系数,可由试验数据整理获得;n 为主泵转速。

(3) 水力学转矩模型

由于水力学转矩曲线的复杂性,在某些象限难以用一条曲线来拟合,因此,在热工水力瞬态分析程序(如 RELAP5)中,普遍采用数据插值的方法来计算主泵水力转矩比 β。数据插值方法避免了曲线拟合这一烦琐的过程,具有比较高的通用性,当数据点足够多时能达到非常高的精度。

主泵水力学转矩比基准数据点的计算方法为:基于泵试验或运行数据,先计算泵转速比 $\alpha = \dfrac{\omega}{\omega_{ref}}$,容积流量比 $v = \dfrac{Q}{Q_{ref}}$ 和水力学转矩比 $\beta = \dfrac{T_{hy}/\rho}{T_{hy,ref}/\rho_{ref}}$,再计算 $(\dfrac{v}{\alpha}, \dfrac{\beta}{\alpha^2})$ 和 $(\dfrac{\alpha}{v}, \dfrac{\beta}{v^2})$ 的值。当 $\left|\dfrac{v}{\alpha}\right| \leqslant 1$ 时,取数据点 $(\dfrac{v}{\alpha}, \dfrac{\beta}{\alpha^2})$;当 $\left|\dfrac{v}{\alpha}\right| > 1$ 时,取数据点 $(\dfrac{\alpha}{v}, \dfrac{\beta}{v^2})$。将这些数据点作为水力学转矩数值计算插值基准数据点。

其中,ω 和 ω_{ref} 分别为泵转速和额定转速;Q 和 Q_{ref} 分别为体积流量和额定体积流量;T_{hy} 和 $T_{hy,ref}$ 分别为水力学转矩和额定水力学转矩,ρ 和 ρ_{ref} 分别为流体密度和额定流体密度。

得到 β 值后,水力学转矩可表示为

$$T_{hy} = \beta \rho \frac{T_{hy,ref}}{\rho_{ref}} \qquad (4.40)$$

(4) 扬程模型

将主泵的扬程四象限类比曲线上的点以数据形式给出,再根据具体的运行数据进行中间插值计算,可得到相应数据。

与水力学转矩类比曲线类似,泵扬程类比曲线在某些象限同样难以用一条曲线来拟合,因此在热工水力瞬态分析程序中,也普遍采用数据插值的方法来计算主泵扬程比 h。

主泵扬程比基准数据点的计算方法也与水力学转矩比基准数据点的相同,先计算得到归一化的转速比 α 和体积流量比 v 值,继而求得 $\dfrac{v}{\alpha}$ 或 $\dfrac{\alpha}{v}$ 的值。当

$\left|\dfrac{v}{\alpha}\right| \le 1$ 时，以 $\dfrac{v}{\alpha}$ 为自变量，通过线性插值，得到对应的 $\dfrac{h}{\alpha^2}$（h 为扬程比）；当 $\left|\dfrac{v}{\alpha}\right| > 1$ 时，以 $\dfrac{\alpha}{v}$ 为自变量，通过线性插值，得到对应的 $\dfrac{h}{v^2}$。

得到 h 值后，扬程可表示为

$$H = H_{\text{ref}} h \tag{4.41}$$

其中，H 和 H_{ref} 分别为泵扬程和额定扬程。

（5）主泵动力学模型

对主泵旋转部件，根据旋转机械动力学方程，可得

$$J \frac{\mathrm{d}\omega}{\mathrm{d}t} = T_{\text{e}} - T_{\text{f}} - T_{\text{hy}} \tag{4.42}$$

其中，J 为泵机组旋转部件转动惯量；T_{e} 为电机电磁转矩；T_{f} 为泵的摩擦转矩；T_{hy} 为泵的水力学转矩。

对主泵的动力学方程进行时间离散化，可得主泵的转速计算表达式为

$$\omega_{t+\Delta t} = \omega_t + \frac{T_{\text{e},t} - T_{\text{f},t} - T_{\text{hy},t}}{J} \Delta t \tag{4.43}$$

其中，$\omega_{t+\Delta t}$、ω_t 分别为 $t+\Delta t$ 时刻和 t 时刻的转速；$T_{\text{e},t}$、$T_{\text{f},t}$ 和 $T_{\text{hy},t}$ 分别为 t 时刻的电机电磁转矩、泵摩擦转矩和水力学转矩；Δt 为时间步长。

由于主泵的电磁转矩、水力学转矩变化与时间步长 Δt 的相关性很强，因此为了保证求解的稳定，一般采用较小的计算步长。

4.9.2 主泵初始模型

（1）主泵工况

在正常运行时，主泵主要工作状态包括启动、正常运行和停止。在实际运行中，泵不可能总是在正常工况下运行，动力装置和主泵可能会发生某些异常甚至发生事故。

正常运行时，主泵运行在正转、正扬程、正流量以及正转矩工况，当主泵发生逐台启停故障或主冷却剂系统出现失水事故等情况时，主泵就可能出现与正常运行情况不同的反转、负扬程、负流量和负转矩等。

主泵可处于水泵工作状态、水轮机工作状态和水力制动器（耗能）工作状态。

① 水泵工作状态：电机为原动机，功率由电机传给叶轮，功率为正，叶轮

旋转并将能量传给水流,使得通过的水流能量增加,扬程为正。

②水轮机工作状态:主泵变成原动机,功率由叶轮传给电机;轴功率为负,流经叶轮的水流能量减少。

③水力制动器工作状态:电机为原动机,但流经叶轮的水流能量反而减少,输入的功率被无益消耗,相当于叶轮对水流起制动作用。

如果考虑水流方向,上述工作状态可分为正向和反向两类。主泵不同工作状态下主要特征参数的正负号如表4.6所示。

表4.6　主泵不同工作状态下主要特征参数的正负号

| 区域 | 体积流量 | 扬程 | 水能变化 | 转速 | 水力学转矩 | 轴功率 | 工况 |
	Q	H	$P_e = \rho g Q H$	ω	T_{hy}	$P = T_{hy}\omega$	
1	+	+	+	+	+	+	正常水泵
2	−	+	−	+	+	+	正转逆流制动
3	−	+	−	−	+	−	向心水轮机
4	−	+	−	−	−	+	水轮机制动
5	+	+	+	−	+	−	向心水泵
6	+	−	−	−	−	+	反转正流制动
7	+	−	−	+	−	−	离心水轮机
8	+	−	−	+	+	+	正转正流制动

(2)初始建模

主泵机组包括电动机和泵两部分。主泵机组的动力学求解需要建立包括异步电动机电磁转矩、水力学转矩、摩擦转矩的数学模型,通过求解泵的转速,并结合系统管路耦合计算,可以迭代求出主泵的扬程、流量等参数。为了实现主泵机组稳态和瞬态过程中的高精度的建模,可将基于外特性的水力学转矩和扬程建模方法与基于内特性的水力学转矩和扬程建模方法相结合,完成主泵各运行工况下的高精度计算。

通过对主泵机组的特性和主泵机组的建模方法的分析,可为海洋核动力平台主泵机组的建模提供支持。通过对主泵机组试验数据进行处理,并对计算模型进行时间离散化,就可以开展主泵机组的建模,构建主泵机组计算程序模块,并开展主冷却剂系统正常运行瞬态、主泵故障和事故工况下的动态特性计算。基于主泵初始模型,典型主泵水力学转矩类比曲线如图4.99所示,典型主泵的扬程类比曲线如图4.100所示。主泵正常工作时的扬程-流量特性曲线如图 4.101 所示,另外,将主泵的流量-扬程特性曲线与管路特性曲线,用同样的比例尺绘在同一张图上,则这两条曲线交于一点 M,即主泵的工作点,如图 4.102 所示。

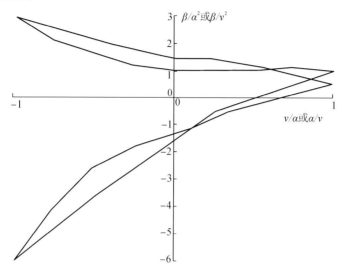

图 4.99　典型主泵水力学转矩类比曲线

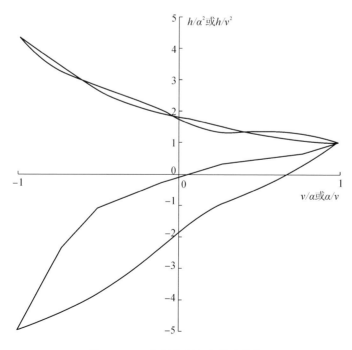

图 4.100　典型主泵扬程类比曲线

4.101　主泵正常工作时的扬程 - 流量特性曲线

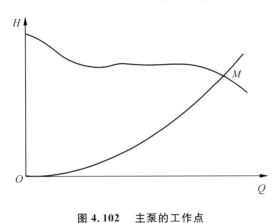

图 4.102　主泵的工作点

4.10　离心泵数值模型

离心泵具有设计技术成熟、流量均匀、工作平稳、结构紧凑、造价低等优点,在海洋核动力平台中被广泛应用,如二回路系统中的给水泵、凝结水泵、淡水循环泵等。在海洋核动力平台运行过程中,离心泵输送的工质和进出口部分的结构均会随实际工况及环境条件发生变化,进而产生振动现象,振动出现异常会威胁海洋核动力平台的安全性和可靠性。振动实质上反映设备内部的运行特征,体现了离心泵的设计、制造和装配水准。因此,需在数值平台的建设过程中,重点关注离心泵的相关分析研究。

4.10.1　离心泵建模机理

（1）工程概况

引起海洋核动力平台离心泵振动的因素主要可分为：电磁激励、流体激励和机械激励。其中，电磁激励和机械激励主要影响泵组振动的高频特性，流体激励主要影响泵组振动的中低频特性。实际运行时，振动问题较多集中在中低频段，因而主要针对流体激励进行研究和分析。流动诱导振动是由于离心泵的蜗壳结构具有不对称性，叶轮和蜗壳在一定程度上会发生相互作用，导致流经的流体产生不稳定的流动。这些不稳定流动下产生的压力脉动是离心泵流体诱导振动的主要原因。

离心泵内压力脉动是指叶片进出口的回流、进口水流的冲击、叶片出口的脱流、叶轮与导叶的动静干涉以及汽蚀等造成的流动不连续所引起的压力变化情况。泵内压力脉动是引起机组振动和不稳定运行的重要因素之一。当流场压力脉动的频率与泵机组或者某个部件的固有频率重合时会发生共振，可能造成更加严重的后果。

（2）技术路线

针对海洋核动力平台的特殊性，开展离心泵振动特性分析及故障诊断研究，为离心泵的运行状态提供良好的状态监测功能，保证离心泵发挥其自身功能，为各个系统内的介质提供足够的动力压头，保证海洋核动力平台运行的安全性和可靠性。

首先，利用 Pro/E 软件对离心泵的叶轮、泵体、进出口段零部件分别建立三维模型，形成离心泵装配体。其次，采用 Hypermesh 软件对装配体进行非结构化网格划分，完成网格无关性验证。最后，采用数值计算的方法对离心泵的三维流场进行稳态数值模拟，得到离心泵的流场压力脉动情况。

随着数值计算方法的逐步发展完善和计算机性能的提升，复杂流动问题的模拟计算成为可能，计算流体动力学成为现今流场特性研究的主流方法。对于离心泵流场的仿真求解，目前常用的三维数值模拟方法有三种，即直接数值模拟方法、大涡模拟方法和雷诺平均法。

4.10.2　离心泵初始模型

对离心泵的叶轮和蜗壳内的流体流动进行稳态计算，初步分析离心泵内部的流动特性,在相同条件下为离心泵的瞬态计算提供初始条件。采用商用 CFD 软件 ANSYS Fluent 对离心泵的控制方程进行求解。将划分完的离心泵网格导入 Fluent 软件中,设置与模型相同的单位(mm),计算类型为稳态计算,离心泵以恒定转速(3000rpm)运行。然后,对 Hypermesh 生成的网格进行检查。湍流模型选取 RNG $k \sim \varepsilon$ 两方程模型。

（1）边界条件设定

入口边界设置在流道进口延长段的入口处,由于进口延长段在建模时设置得足够长,可认为湍流发展完全,因此入口边界条件设定为速度入口条件。出口边界设置在流道出口延长段的出口处。与入口情况相同,已经将出口延长段设置得足够长,同样认为出口延长段的流体湍流流动充分发展,在进行流场计算前,并不知道流场出口处的速度和压力,并且忽略了回流,因此出口边界条件设定为出流边界条件,设定值保持默认。

对壁面边界条件进行设定,离心泵的所有壁面均设定为无滑移边界条件。与叶轮相邻的所有壁面均设定为移动壁面中的旋转运动,转动轴方向与叶轮流体旋转方向相同,由于旋转的轴心与叶轮流体旋转中心相同,因此相对于叶轮流体域的速度为零,旋转方向使用右手定则判定。其余壁面均设定为静止壁面。

为了提高计算的精度,并更好地控制计算过程,在已经划分网格,选定计算模型、材料和设定完边界条件的基础上,在求解器中对压力速度耦合方程和离散方式进行设定。压力速度耦合方程使用 SIMPLE 方法求解,对控制方程中的各项使用一阶迎风格式进行离散。松弛因子保持默认设置。

常见的有两种初始化方式,即全局初始化和局部初始化,拟采用全局初始化方式对全部网格单元上的流场变量进行初始值设置。在对流场进行数值模拟时,它的结果受到很多因素的影响,包括网格大小、时间步长和湍流模型等。通常将模拟后的扬程、流速、压力等作为参考值来判定选择的参数是否合理。网格的疏密会直接影响数值计算的准确性,网格数较少不能准确地描述实际情况,网格数较多计算时间较长,增大了计算量。只有当网格数的增加对计算结果影响不大时,所划分的网格才是最理想的。

（2）初始模型构建

离心泵运行时速度快、功率高,不可避免地会加剧内部流体不稳定流动的趋势。离心泵内部的流场由于转子部分叶轮和蜗壳的动静干涉作用难以用实验测量得到,可以通过数值模拟计算得到泵内的压力脉动,对稳态的结果进行分析,得到稳态状态下离心泵的流动特性。

离心泵在理想状态下即恒定转速下运转,设置离心泵的稳态流场流动计算迭代 1000 次,残差各项判断标准为 0.001,得到了稳态情况下的残差图,如图 4.103 所示。出口界面的总压力和速度的变化趋势如图 4.104 和图 4.105 所示。

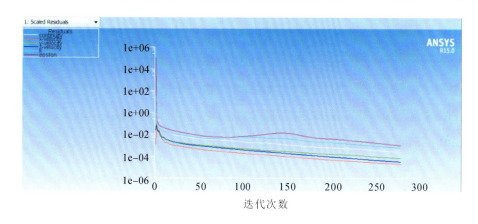

图 4.103   稳态计算残差曲线

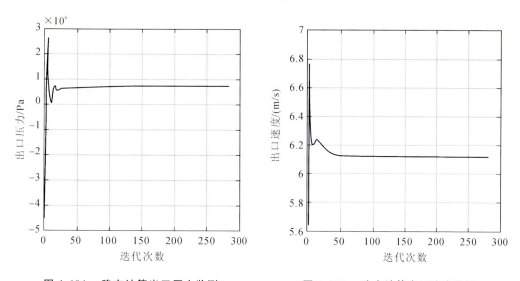

图 4.104   稳态计算出口压力监测   图 4.105   稳态计算出口速度监测

由图 4.103 可看出,当 Fluent 迭代到 279 次时停止计算,说明达到了之前规定的残差标准。由图 4.104 和图 4.105 可看出,在叶轮刚开始旋转时出口界面的总压力和速度发生明显的变化,随着迭代次数的增加,它们逐渐趋于稳定直至不变,与设计的出口情况相同,说明结果是正确的。可用达到收敛时的稳态数值解作为初始条件来进行瞬态数值计算。

图 4.106 所示为离心泵流场的静压力分布,从图中可以看出,进口延长段流体压力分布均匀,压力的绝对值相对于其他部分较低,通过叶轮的旋转作用,流体的压力逐渐增大,在出口延长段流体得到充分发展,流体压力达到最大值且分布均匀。

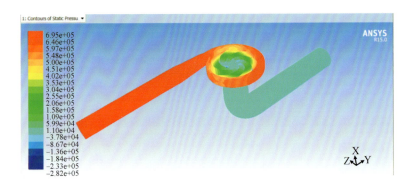

图 4.106　离心泵流场的静压力分布

图 4.107 所示为蜗壳与叶轮的静压力分布,从图中可以看出,流体的压力沿着叶片从内向外的弧度,由外弧向内延伸的方向逐渐增大。受蜗壳非对称结构的影响,叶轮的压力分布也具有非对称性。在蜗壳内,流体从隔舌处开始逆时针旋转一圈然后进入出口段。根据离心泵的静压力分布,可以看出蜗壳部分的不规则结构使得流体发展不均匀,具有较强的径向不对称性。

图 4.107　蜗壳与叶轮的静压力分布

4.11　冷凝器数值模型

冷凝器是海洋核动力平台汽轮机组的重要组成部分。从热力循环效率来看,冷凝器为汽轮机组提供背压,直接影响电站热力循环系统的终参数,对热力循环效率有重要影响;从安全角度来看,冷凝器能够储存机组启停和正常运行中的疏水,凝结降功率过程中的旁路排汽,冷凝器的热阱能够起到缓冲机组流量的作用,增强机组的稳定性。

4.11.1　冷凝器建模机理

冷凝器不同于普通的换热器,它的特点是在工质的流动和换热过程中存在汽液的相变,并且工质内存在不凝结气体,随着蒸汽不断凝结,工质内的不凝结气体浓度逐渐升高,工质的流速、换热系数等参数沿蒸汽流动方向大幅度变化。

数值计算方法需要对这一系列复杂的物理过程建立准确合理的数值模型,并且在满足计算条件的情况下,尽量减小计算误差,提高仿真精度。

（1）工作原理

以一双进口冷凝器为数值建模对象,如图 4.108 所示,对该冷凝器的壳侧建立热工水力数值模型,它能够详细地描述冷凝器壳侧蒸汽的换热和流动过程并可以借助模拟软件得到可视化的三维流场分布。

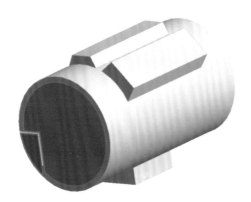

图 4.108　冷凝器模型示意图

结合多孔介质模型理论[22],冷凝器热工水力模型的控制方程组主要考虑以下四个方面:

① 质量连续性方程

$$\frac{\partial}{\partial x}(\beta \rho u) + \frac{\partial}{\partial y}(\beta \rho v) + \frac{\partial}{\partial z}(\beta \rho w) = -\dot{m} \tag{4.44}$$

其中,x 为 X 轴坐标,m;β 为多孔度;ρ 为蒸汽密度,kg/m³;u 为混合气体 X 方向速度,m/s;y 为 Y 轴坐标,m;v 为混合气体 Y 方向速度,m/s;z 为 Z 轴坐标,

m;w 为混合气体 Z 方向速度,m/s;$\dot m$ 为蒸汽凝结率,kg/(m³·s)。

② 动量守恒方程(以 X 坐标方向为例)

$$\frac{\partial}{\partial x}(\beta\rho uu)+\frac{\partial}{\partial y}(\beta\rho vu)+\frac{\partial}{\partial z}(\beta\rho wu)=\frac{\partial}{\partial x}\left(\beta\mu_e\frac{\partial u}{\partial x}\right)+\frac{\partial}{\partial y}\left(\beta\mu_e\frac{\partial u}{\partial y}\right)+\frac{\partial}{\partial z}\left(\beta\mu_e\frac{\partial u}{\partial z}\right)$$
$$-\beta\frac{\partial p}{\partial x}-\dot mu-\beta F_x \tag{4.45}$$

其中,μ_e 为混合气体当量黏性系数,Pa·s;p 为混合气体压力,Pa;F_x 为混合气体 X 坐标方向上的流动阻力,N/m³。

③ 不凝性气体扩散方程

$$\frac{\partial}{\partial x}(\beta\rho uq)+\frac{\partial}{\partial y}(\beta\rho vq)+\frac{\partial}{\partial z}(\beta\rho wq)=\frac{\partial}{\partial x}\left(\beta\rho D\frac{\partial q}{\partial x}\right)+\frac{\partial}{\partial y}\left(\beta\rho D\frac{\partial q}{\partial y}\right)+\frac{\partial}{\partial z}\left(\beta\rho D\frac{\partial q}{\partial z}\right) \tag{4.46}$$

其中,q 为不凝性气体的质量分数;D 为扩散系数,m²/s。

④ 湍流动能控制方程

$$\frac{\partial}{\partial x}(\beta\rho u\phi)+\frac{\partial}{\partial y}(\beta\rho v\phi)+\frac{\partial}{\partial z}(\beta\rho w\phi)=\frac{\partial}{\partial x}\left(\beta\Gamma_\phi\frac{\partial\phi}{\partial x}\right)+\frac{\partial}{\partial y}\left(\beta\Gamma_\phi\frac{\partial\phi}{\partial y}\right)+\frac{\partial}{\partial z}\left(\beta\Gamma_\phi\frac{\partial\phi}{\partial z}\right)+S_\phi \tag{4.47}$$

其中,ϕ 为求解变量;Γ_ϕ 为扩散系数;S_ϕ 为自定义源项。

(2)建模路线

冷凝器在海洋核动力平台二回路系统中的作用可以总结为凝结蒸汽、建立并维持真空、除氧以及回收疏水。作为重要的辅助设备,冷凝器应具有良好的传热性能、高度的严密性、尽可能小的汽阻和水阻,使凝结水具有尽可能小的过冷度和含氧量。在核动力装置运行工况改变时,冷凝器的传热性能、汽阻等参数会发生变化,真空度也会随之改变。冷凝器内的管束排列布置方式、挡板的长度和位置对冷凝器的换热效果和真空度都有很大的影响。如果结构布置不当,形成空气聚集区或者涡流区,冷凝器换热效果降低,真空度降低,将直接影响海洋核动力平台的经济性和安全性。因此,对冷凝器的工作特性进行探究具有工程应用价值。

通常对冷凝器的数值计算研究按需求可分为两个方向。一种是保证仿真模型具有良好的实时性,把冷凝器的仿真作为系统仿真的一部分,仿真结果能够显示冷凝器的重要参数。一般此类仿真采用集总参数模型,对冷凝器内部具有空间特性的参数进行平均化处理,进行一维仿真。这种方法的优点是计算量少、用时短,能够满足实时性的要求;不过其缺点也很明显,它的精度低,并且无法描述冷凝器的内部流场。另一种就是保证仿真模型具有较好的精度,把冷凝器作为一个单独设备进行仿真,仿真结果能够显示流场的二维甚至三维的空间分布。一般此类仿真采用分布参数模型,通过有限元、有限体积等方法将控制方程转化为代数方程并求解。这种方法的优势是能够详细地描述冷凝器壳侧的复杂换热过程,缺点是计算量庞大,耗时多,不适合对整个冷凝器所在的系统进行瞬态计算或者实时模拟。

针对海洋核动力平台冷凝器的工作特性,基于 C♯ 语言开发冷凝器仿真计算程序并基于 Windows Form 模块开发冷凝器综合显控界面,能够显示冷凝器数值模型开发的主要结构参数、主要性能参数以及压力、水位等重要信息。同时,提供多种数据接口,能够实现与冷凝器上游汽轮机组、下游凝给水系统的互联,另外还提供与数据中心接口,为下一步模型优化工作和故障预测技术奠定基础。冷凝器数值建模技术路线如图 4.109 所示。

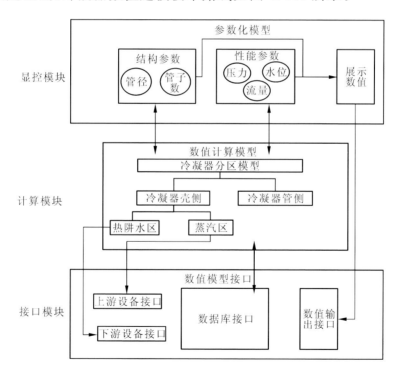

图 4.109　冷凝器数值建模技术路线

4.11.2　冷凝器初始模型

（1）冷凝器网格划分

在计算流体力学中，通常利用流体域网格划分的方式对模型进行空间上的离散。在数值计算之前要求仿真结果具有网格无关性，为达到此要求，可采用多种方案划分网格。以研究关注的凝结率以及冷凝器侧上部蒸汽口背压作为判定条件，当网格数的变化对冷凝器数值计算结果影响很小时，可以认为数值计算达到了网格无关解。冷凝器非结构化网格划分示意图如图 4.110 所示。

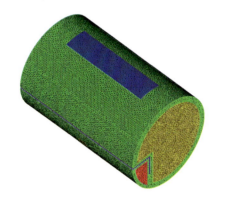

图 4.110　冷凝器非结构化网格划分示意图

在完成数值建模后，往往会先进行初步数值计算，并将结果与实验数据对比，对数值模型进行准确性验证。以某一方形实验凝汽器为例，将管束平均换热系数数值模拟与实验数据进行对比，其结果如图 4.111 所示。

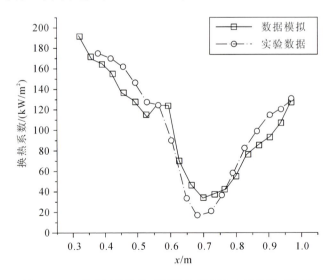

图 4.111　管束平均换热系数数值模拟和实验数据对比图

由图 4.111 可知，管束平均换热系数数值模拟结果与实验数据变化趋势基本相同，但仍存在一定的误差。产生误差的原因是：对冷凝器的计算采用了大量的经验公式，很难保证精度；由于实验条件和技术条件的限制，实验时冷凝器内的空气含量不易确定。另外,模型的简化也会产生误差,比如模型中忽略了液相体积对流动的影响。

(2) 流场分布

三维数值计算的优点之一就是流场可视化,通过对建立的冷凝器数值模型进行计算,能够得到冷凝器内部的流场分布,根据需要还可以得到冷凝器内部主要参数分布,图 4.112 和图 4.113 所示分别为冷凝器内部流线图和中间截面压力分布图。

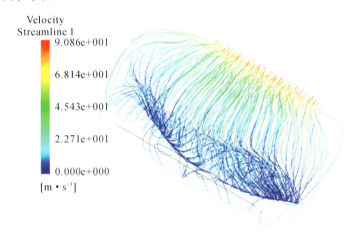

图 4.112　冷凝器内部流线图

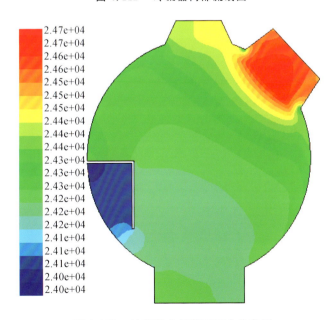

图 4.113　冷凝器中间截面压力分布图

（3）一体化数值模型

一体化数值模型将数值计算模型与图形化显示界面集成,能够以图形化的方式展示数值计算模型的计算结果。

① 模块化

一体化数值模型分为输入和输出模块、图形化显示模块、辅助功能模块以及数据接口模块,其划分如图 4.114 所示,下面分别进行介绍。

图 4.114　一体化数值模型模块划分

输入和输出模块:该模块可输入系统或设备的边界条件,将其单独划分为一个模块,一方面能够直观地看到边界条件的变化,另一方面有助于设备与设备、系统与系统之间的联合调试。

图形化显示模块:该模块具有动态显示效果,如图 4.115 所示,在编译环境下根据需要可以将控件拖入界面中,设定控件的反馈效果。根据数值平台需要,图形化显示模块可以展示各个系统的流体网络环路连接,比如主冷却剂系统,可以将反应堆、主泵、稳压器、蒸汽发生器以及连接的管路和辅助设备连接,在后台辅以计算程序和数据分析程序即可实现主冷却剂系统的监控和预测分析。

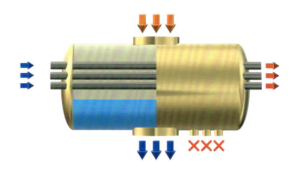

图 4.115　工质流动示意图

辅助功能模块:该模块可根据需要设定一些辅助功能,如完成运行时间、计算速度、计算收敛判据等条件的设置。

数据接口模块:该模块是数值模型最重要的模块,也是数值平台中特有的模块。在数值平台架构中,数据的传递均可通过数据中心来完成,因此只要将数值模型与数据中心通过数据接口连接,就能保证通信,实现数据的传递。

② 参数化

为防止数值模型因设计变动而反复修改,拟采用参数化建模方式,参数化接口如图 4.114 所示。根据冷凝器结构参数建立数值模型,建模使用的经验公式均能够通过结构参数和相关系数计算得到。由于海洋核动力平台冷凝器的结构参数还未明确,具体结构参数如冷却管根数还未确定,在建模时留有结构参数接口可以减少后期的调试工作。同时,数值模型也可以辅助设计工作,如在换热面积一定时,冷却管尺寸、数量的选取方案可以由此程序直接计算得到。

（4）模型优化方法

冷凝器数值计算采用分区模型算法,但实际上蒸汽空气混合物在冷凝器壳侧的换热是一个伴随凝结现象的两相、多组分的物理过程。汽气混合物在接触管壁换热时,水蒸气凝结成水,并在管壁外侧形成一层凝结水膜和空气膜,液膜与汽膜的存在增加了换热的热阻。汽气混合物中的空气主要由冷凝器密封性差的部位漏入、汽轮机排汽带入等方式进入冷凝器。空气由于沸点较高不会被凝结,随着水蒸气的凝结,空气的含量会增加,这将进一步增加换热的热阻,降低冷凝器的真空度,同时还会增加凝结水的过冷度和含氧量。

汽气混合物在冷凝器壳侧的流动过程也十分复杂,在流动过程中会受大量管束、挡板、支撑隔板的影响而产生压力损失,直接影响冷凝器的运行压力。由于冷凝器两个进口的进汽量差别较大，两股汽流之间也会对彼此的流动路径造成影响。若想改善流动路径就要增设挡板，这就要综合考虑各种影响因素。蒸汽空气混合物流经冷凝器内冷却管束区域时的流动损失占所有流动损失的主要部分。大量的管束形成了许多固体边界，如果对这些固体边界进行定义并逐一计算绕流流动过程，计算难度大且不易实现。若对这些固体边界进行平均化处理，又会使模拟精度降低。综上所述，冷凝器壳侧的流动和换热过程有一定的复杂性，针对汽流绕流固体圆管的特性，可采用多孔介质模型来模拟冷凝器壳侧的换热和流动过程。

多孔介质一般是指内部含有数量庞大孔隙的固体材料，由固体骨架部分和孔隙空间组成。孔隙空间由气体或液体占据，并且相互连通。在不同的研究目的下，多孔介质的定义有所差异。为了达到用数值方法模拟冷凝器壳侧流场的目的，将壳侧空间的管束、支撑隔板、挡板看作是固体骨架，将汽气混合物在壳侧的流动看作是在多孔介质区域的流动。在多孔介质的控制方程中，用分布质量汇来描述蒸汽凝结率，用分布流动阻力来描述管束区对流动的影响。上述理论可以通过计算流体力学（CFD）软件来实现，如以 Fluent 软件自带的孔隙模型为基础，通过编写 UDF 模拟汽气混合物在冷凝器内部凝结换热的过程，分布质量汇以及分布流动阻力都可在 UDF 中进行计算。CFD 软件是将某一控制容积内的平均参数如（压力、温度、分布阻力、分布质量等）储存在节点上，给定控制容积的边界条件，再求解代入分布质量汇和分布流动阻力的控制方程来实现多孔介质模型计算。控制方程中涉及的蒸汽凝结换热系数是根据冷凝器结构和经验系数计算得到的，汽气混合物流动过程的阻力系数可根据经验公式计算得到。最后对控制方程组离散化并求解，可得到冷凝器的参数分布。

（5）模型展示

以冷凝器数值模型自 0s 运行至 160s 为例，展示冷凝器数值模型软件的使用方法。在冷凝器数值模型软件运行后，点击"开始运行"按钮，然后依次点击"数据曲线展示"按钮、"动态示意图"按钮，运行至 30s，其显控界面如图 4.116所示。显控界面左侧为冷凝器运行参数展示，中部为冷凝器动态示意图，其中黑色箭头代表热端、白色箭头代表冷端、阴影区域代表冷凝器水位，界面右侧为冷凝器内疏水温度、蒸汽温度、循环冷却水温度变化曲线。当程序运行至 100s 时，其显控界面如图 4.117 所示，可以看出，中部动态示意图箭头根据流体流动方向变化,右侧参数曲线随着运行时间的增加逐步更新。当程序运行至160s时,其显控界面如图4.118所示,此时调整右侧数据曲线展示界面显示冷凝器压力曲线,可以明显观测出在此工况下冷凝器压力线性下降。

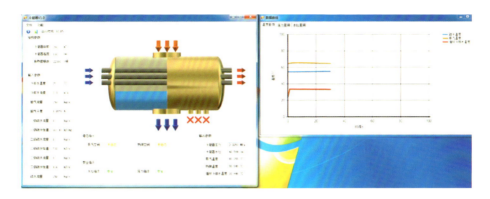

图 4.116   运行 30s 显控界面

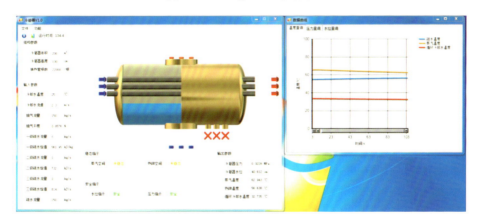

图 4.117   运行 100s 显控界面

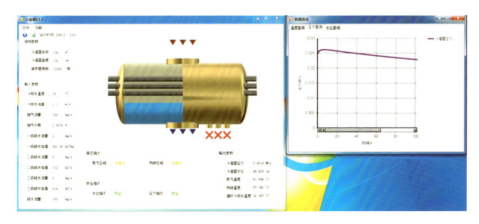

图 4.118   运行 160s 显控界面

4.12　单点系泊系统数值模型

单点系泊系统为海洋核动力平台提供定位功能，并将核动力平台产生的能源输送给海上用户。海洋核动力平台在风、波浪、海流等环境作用力下做六自由度运动，软刚臂单点系泊系统通过系泊支架、系泊腿、系泊刚臂、系泊塔架等结构以及连接装置，将平台系泊在作业位置，系泊刚臂和压载水重量为平台运动提供回复力。由于软刚臂单点系泊系统具有风向标效应，平台可以绕系泊点做 360° 自由转动，保证平台始终处于合外力较小的位置。综合考虑单点系泊系统重要设备运维需求，拟主要围绕平台运动，水动力系数，风、流载荷，系泊刚臂、系泊腿与铰接点建立数值模型。

4.12.1　单点系泊系统建模机理

（1）工程概况

单点系泊系统是保障海洋平台安全作业的重要结构。对于海洋核动力平台，单点系泊系统须提供更加可靠的系泊能力和更完善的保障水平。软刚臂单点系泊系统作为单点系泊系统的一种，现已广泛地应用于我国浅海油气开发。与内、外转塔等其他单点系泊形式相比，软刚臂单点系泊具有明显的技术优势，如：

① 可以实现船（浮体）—系（系泊）分离，满足一套系泊系统应用于多个船型结构；

② 通过铰接方式使得系泊整体和局部构件方便拆卸，可实现系泊系统在多个海域多次应用，突破系泊和浮体组合设计的局限，提高通用性；

③ 水上软刚臂系统的全水上系泊方式避免了构件与海水的直接接触，避开冰区海冰冲击，减少了环境腐蚀影响，提高使用寿命。

因此，多铰式软刚臂系泊方式被认为是目前最好的单点系泊方式，现已应用于我国渤海湾的油气开发。针对海洋核动力平台，目前尚无一套完整的单点系泊系统安全策略和作业决策研究方案及配套软件数据分析处理模型。由于海洋核动力平台的特殊功能和要求，开展核动力平台单点系泊系统安全策略与作业决策研究，对平台安全作业和运行维护具有十分重要的工程意义。

软刚臂单点系泊系统主要由 5 个物体和 5 个铰组成，如图 4.119 所示。该

系统中一共包括 A、B、C、D、E 5 个转动点,其中 A 点为简化的球铰模型,可限制软刚臂的空间平动自由度,并释放软刚臂绕转塔横摇、纵摇及艏摇的三个转动自由度;B 点和 C 点分别为一个十字万向节模型,仅释放系泊腿横摇、纵摇的旋转自由度;D 点和 E 点分别为模型化的球铰,释放系泊腿沿横摇、纵摇及轴向转动的自由度;这五个转动点联合作用以保障平台软刚臂系泊系统的系泊功能。

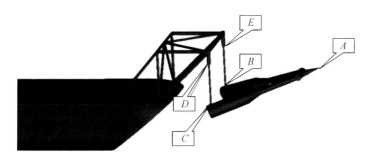

图 4.119 软刚臂单点系泊系统工作原理

软刚臂单点系泊系统利用系统自重及压载水舱配重起到限制平台运动的作用。当系泊腿位于空间垂直状态时,视为船体及其系泊系统处于平衡位置,此时船体仅受到系泊腿作用的垂向力,而不存在水平方向的力。当船体受到风、浪、流等环境载荷时会靠近或远离单点平台,此时系泊腿随着船体并带动软刚臂一同运动,抬高软刚臂压载水箱。压载水箱一般装载有 300t 左右的压载液,压载液重力的作用会使系泊腿受到沿轴向的载荷,而系泊腿作为杆状结构,它所受到的力大部分会沿轴向传递,所以船体及系泊支架会受到沿系泊腿轴向的力,并可以分解为沿水平方向和垂直方向的力。其中,水平方向的力指向单点平台,即为软刚臂单点系泊系统的系泊回复力,用于将船体拉近或推离单点平台,完成系泊定位的功能。由于系泊系统特殊的结构形式,释放了核动力平台的艏摇运动,可使平台能够最大限度地减小横向环境载荷的影响。

(2)平台时域运动模型

平台在工作状态除了受到风、浪、流等环境力作用,还受静水回复力和系泊系统回复力等,综合考虑风、浪、流以及单点系泊系统回复力的联合作用[23—24],平台的时域运动方程为:

$$\sum_{i=1}^{6} [\boldsymbol{M} + \boldsymbol{A}(\infty)]\ddot{x}(t) + \int_0^t r(t-\tau)\dot{x}(\tau)\mathrm{d}\tau + \boldsymbol{D}\dot{x}(t)$$

$$+ \boldsymbol{K}x(t) = F^{(1,2)}(t) + F_{\mathrm{W}}(t) + F_{\mathrm{C}}(t) + F_{\mathrm{SPM}}(t) \qquad (4.48)$$

其中，$\boldsymbol{M}$ 为 FPSO 的质量矩阵；$\boldsymbol{A}(\infty)$ 为最大计算频率对应的附加质量矩阵；$r(t)$ 为辐射阻尼的脉冲响应函数矩阵；$\boldsymbol{D}$ 为 FPSO 慢漂阻尼矩阵；$\boldsymbol{K}$ 为 FPSO 静水回复力刚度矩阵；$F^{(1,2)}(t)$ 为一阶、二阶波浪载荷；$F_{\mathrm{W}}(t)$、$F_{\mathrm{C}}(t)$ 分别为风、流载荷；$F_{\mathrm{SPM}}(t)$ 为单点系泊系统提供的回复力。

在不规则波浪下，作用于结构物上的瞬时波浪力可以写为：

$$F^{(1,2)}(t) = F^{(1)}(t) + F^{(2)}(t) \qquad (4.49)$$

其中

$$\left.\begin{array}{l} F^{(1)}(t) = \displaystyle\int_0^t h(t-\tau)\eta(\tau)\mathrm{d}\tau \\[2mm] F^{(2)}(t) = \displaystyle\sum_{j=1}^{NSPL}\sum_{k=1}^{NSPL} A_j A_k \{ P_{jk}^- \cos[-(\omega_j-\omega_k)t-(\varepsilon_j-\varepsilon_k)] \\[2mm] \qquad\qquad + Q_{jk}^- \sin[-(\omega_j-\omega_k)t-(\varepsilon_j-\varepsilon_k)] \} \end{array}\right\} \qquad (4.50)$$

式中，$\eta(\tau)$ 为海浪随机波面升高的时域历程；$h(t)$ 为脉冲响应函数，由一阶波浪力传递函数通过傅里叶变换得到，即：

$$\left.\begin{array}{l} f_\omega(\omega) = \displaystyle\int_{-\infty}^{+\infty} h(t)\mathrm{e}^{-i\omega t}\mathrm{d}t \\[2mm] h(t) = \dfrac{1}{2\pi}\displaystyle\int_{-\infty}^{+\infty} f_\omega(\omega)\mathrm{e}^{-i\omega t}\mathrm{d}t \end{array}\right\} \qquad (4.51)$$

若已知整个频率范围内的 $f_\omega(\omega)$，即可按式（4.51）求得 $h(t)$，然后按波浪时历 $\eta(\tau)$，求得一阶波浪力。

此外，A_j、A_k 为双色波幅值；ω_j、ω_k 为双色波的不同频率；ε_j、ε_k 为随机相位角；P_{jk}^- 和 Q_{jk}^- 分别为频域内 FPSO 在不同浪向、不同频率下的二阶差频波浪载荷传递函数的实部和虚部。

（3）风、流载荷计算

作用于构件上的风力 F 应按式（4.52）计算，并应确定合力作用点的垂直高度[25]：

$$F = 0.613 \times 10^{-3} C_{\mathrm{h}} C_{\mathrm{s}} S V^2 \qquad (4.52)$$

其中，S 为浮式装置在正浮或倾斜状态时受风构件的正投影面积；C_{h} 为受风构件的高度系数；C_{s} 为受风构件的形状系数；V 为风速。

当只考虑海流作用时,作用在浮式装置水下部分构件的海流载荷可按式(4.53)计算:

$$F = \frac{1}{2}C_\mathrm{D}\rho_\mathrm{sw}V^2A \tag{4.53}$$

其中,C_D 为曳力系数;ρ_sw 为海水密度;V 为设计海流流速;A 为构件在与流速垂直平面上的投影面积。

（4）系泊刚臂方程

系泊系统刚度反映系泊性能的优劣,对软刚臂单点系泊系统分析系统刚度时,由于单点系泊系统具有风向标效应,在工作过程中主要受水平系泊力,因此将软刚臂系统简化为平面开展系统刚度的计算。图 4.120 所示为软刚臂单点系泊系统的几何关系与受力情况。

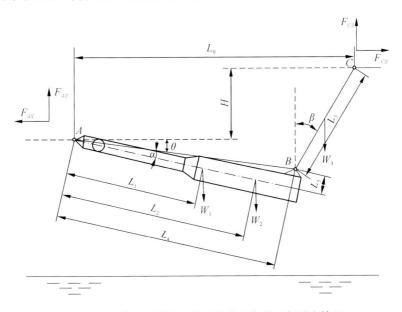

图 4.120　软刚臂单点系泊系统的几何关系与受力情况

F_{AX}、F_{AZ}—A 点的水平力与垂直力;F_{CX}、F_{CZ}—C 点的水平力与垂直力;W_1— 系泊刚臂自身的重量;W_2— 压载水重量;W_3— 系泊腿重量;L_0— 平衡状态下,点 A 与点 C 的水平距离;L_1— 系泊刚臂重心到连接点 A 的实际距离;L_2— 压载水重心到连接点 A 的实际距离;L_3— 系泊腿长度;L_4—A 与 B 沿系泊刚臂的距离;L_5—A 与 B 沿系泊刚臂直径的距离;θ—AB 与水平方向的夹角;α—AB 与系泊刚臂长度方向的夹角;β— 系泊腿垂向的夹角;H—A 与 C 的垂直距离。

软刚臂系统在平衡状态下，系泊腿呈竖直状态，即 BC 与水平面垂直。

根据图 4.120 所示的几何关系、力平衡和力矩平衡，可得如下关系式：

$$F_{AX} = F_{CX} \tag{4.54}$$

$$F_{AZ} + F_{CZ} = W_1 + W_2 + W_3 \tag{4.55}$$

$$F_{CZ} L_3 \sin\beta = F_{CX} L_3 \cos\beta + W_3 \frac{L_3}{2} \sin\beta \tag{4.56}$$

$$\begin{aligned}
(W_1 L_1 + W_2 L_2)\cos(\alpha + \theta) + W_3 \Big(\sqrt{L_4^2 + L_5^2} \cos\theta \\
+ \frac{L_3}{2}\sin\beta \Big) + F_{CX} H = F_{CZ} \big(\sqrt{L_4^2 + L_5^2} \cos\theta + L_3 \sin\beta \big)
\end{aligned} \tag{4.57}$$

软刚臂单点系泊系统的刚度曲线是水平系泊力与位移的关系，首先应求解 C 点水平位移与 C 点所受的水平系泊力的关系。

软刚臂系统在平衡状态下满足：

$$L_0 = \sqrt{L_4^2 + L_5^2 - (L_3 - H)^2} \tag{4.58}$$

Z 向位移关系满足：

$$\sqrt{L_4^2 + L_5^2}\sin\theta + H = L_3 \cos\beta \tag{4.59}$$

C 点位移：

$$X = \sqrt{L_4^2 + L_5^2}\cos\theta + L_3 \sin\beta - L_0 \tag{4.60}$$

C 点水平系泊力：

$$F_{CX} = \frac{(W_1 L_1 + W_2 L_2)\cos(\alpha + \theta) + \dfrac{W_3}{2}\sqrt{L_4^2 + L_5^2}\cos\theta}{\dfrac{\sqrt{L_4^2 + L_5^2}\cos\theta}{\tan\beta} + L_3 \cos\beta - H} \tag{4.61}$$

将软刚臂单点系泊系统主尺度设计值代入式（4.60）和式（4.61）中，可得到如图 4.121 所示的刚度曲线。系泊系统的刚度为刚度曲线的切线的斜率值，系统刚度随曲线的变化而变化。当曲线为直线时，其系统刚度如下：

$$K = \frac{F_{CX}}{X} \tag{4.62}$$

其中，X 为偏离平衡的距离。

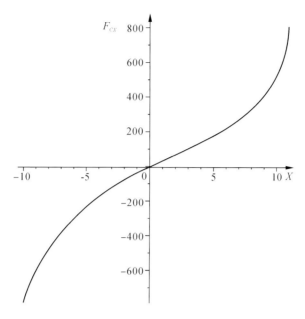

图 4.121 软刚臂单点系泊系统刚度曲线

（5）单点系泊系统铰节点疲劳寿命

图 4.122 所示为单点系泊系统铰结构接触应力分布示意图,其中,R_i 为轴套半径;R_j 为销轴半径;d 为厚度;在施加法向力 F_N 后,铰结构由于弹性变形而改为面接触,接触半宽为 b。

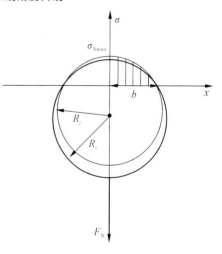

图 4.122 铰结构接触应力分布示意图

由图 4.122 可得,接触应力 σ_N 为

$$\sigma_N = 0.418 \sqrt{\frac{F_N E}{d}\left(\frac{R_i - R_j}{R_i R_j}\right)} \quad (4.63)$$

其中,E 为综合弹性模量。$E = \dfrac{2E_i E_j}{E_i + E_j}$,$E_i$ 和 E_j 分别为轴套和销轴的弹性模量。

接触半宽为

$$b = 1.52 \sqrt{\frac{F_N}{Ed}\left(\frac{R_i R_j}{R_i - R_j}\right)} \quad (4.64)$$

接触面积为

$$S = 3.04d \sqrt{\frac{F_N}{Ed}\left(\frac{R_i R_j}{R_i - R_j}\right)} \quad (4.65)$$

摩擦切应力为

$$\tau_{\mathrm{T}} = \frac{F_{\mathrm{T}}}{S} = \frac{F_{\mathrm{N}}\mu}{3.04d\sqrt{\dfrac{F_{\mathrm{N}}}{Ed}\left(\dfrac{R_i R_j}{R_i - R_j}\right)}} \tag{4.66}$$

其中，F_{T} 为摩擦力；μ 为摩擦系数。

热点应力为

$$\sigma_{\text{热}} = \frac{\sigma_{\mathrm{N}}}{2} \pm \sqrt{\left(\frac{\sigma_{\mathrm{N}}}{2}\right)^2 + \tau_{\mathrm{T}}^2} = \sqrt{\frac{F_{\mathrm{N}} E (R_i - R_j)(0.087 + 0.108\mu^2)}{d R_i R_j}} \tag{4.67}$$

同时，系泊腿的法向轴力 F_{N} 可以通过 4 个轴向测点的应变数据计算得到，即

$$F_{\mathrm{N}} = \frac{1}{4}(\varepsilon_2 + \varepsilon_4 + \varepsilon_6 + \varepsilon_7) E_i A_0 \tag{4.68}$$

其中，ε_2、ε_4、ε_6、ε_7 分别为 4 个测点应变数据，A_0 为铰结构连接轴的横截面积。

综合式(4.67)和式(4.68)，可得热点应力为

$$\sigma_{\text{热}} = \sqrt{\frac{(\varepsilon_2 + \varepsilon_4 + \varepsilon_6 + \varepsilon_7) E_i A_0 E (R_i - R_j)(0.087 + 0.108\mu^2)}{4 d R_i R_j}} \tag{4.69}$$

利用热点应力幅及其循环次数，计算等效应力幅 $\Delta\sigma_e$：

$$\Delta\sigma_e = \left[\sum \frac{n_i (\Delta\sigma_i)^m}{N_0}\right]^{\frac{1}{m}} \tag{4.70}$$

其中，n_i 为循环次数；$\Delta\sigma_i$ 为热点应力幅；m 为材料参数；N_0 为疲劳应力循环总数。基于线弹性断裂力学和 Paris 模型的裂纹扩展公式则可得到铰结构的疲劳寿命，即

$$N = \frac{2}{(2-n)C\left(Y\Delta\sigma_e\sqrt{\pi}\right)^n}(a_c^{\frac{2-n}{2}} - a_0^{\frac{2-n}{2}}) \tag{4.71}$$

其中，取 $C = 1.58 \times 10^{-11}$，$n = 3$，$Y = 1.12$，a_0 为初始裂纹尺寸，a_c 为裂纹维修的临界尺寸。

4.12.2 单点系泊系统初始模型

单点系泊系统初始模型为多模块组成的集成化建模，可实现单点系泊系统和平台监测系统各传感器的采集、存储、演示、管理和预警等多项功能。软件设计了完整的管理系统界面，建立了准确完备的数据库，包括监测数据（各

个传感器实时动态监测数据,环境载荷、运动响应等数据)、特征数据(常规平台数据、设计数据、制造数据以及安装数据)、状态数据(平台历次检验和改造数据、损伤评估数据、状态检测数据、运营事故数据等),提供便捷的查询和不断的更新,以此保证对结构全寿命周期数据进行管理。通过数据库和前台的关联,实现平台服役期间的全部数据存储,采用三维显示技术动态显示平台运行姿态,将平台服役期间所有数据和平台 BIM 模型关联起来。基于单点系泊系统二维静力学算法与疲劳寿命算法,实现了系泊力的计算与连接结构疲劳寿命的预测,从而完成对单点系泊系统的安全校核与风险评估。

(1) 环境载荷监测

主界面的环境载荷显示模块(图 4.123)集成了风、浪、流等海洋环境要素的数据:风数据包括风速与风向;海流数据包括流速与流向;海浪数据包括浪高与浪向。左侧圆盘图标可直观显示环境载荷数据,右侧实时动态显示数据的具体数值。

图 4.123　环境载荷显示模块

(2) 浮体运动响应监测

主界面的浮体运动响应显示模块(图 4.124)包括浮体的六自由度横摇、纵摇、艏摇、横荡、纵荡、垂荡等,各自由度的具体含义在左上角的浮体简图中表示,沿船身方向为 X 轴,垂直于船身方向为 Y 轴,垂直于水面方向为 Z 轴,沿 X 轴方向发生平移为纵荡,沿 Y 轴方向发生平移为横荡,沿 Z 轴方向发生平移为垂荡,绕 X 轴旋转为横摇,绕 Y 轴旋转为纵摇,绕 Z 轴旋转为艏摇,分别用 3,2,1,6,5,4 表示,可实时动态显示数据的具体数值。右上角刻度盘分为 3 个模块,左侧表示纵摇,中间表示艏摇,右侧表示横摇。

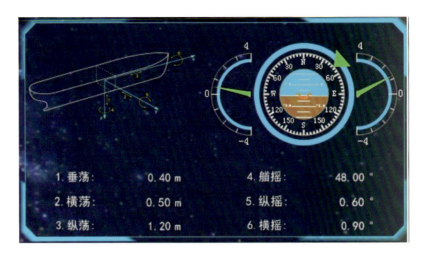

图 4.124　浮体运动响应显示模块

（3）连接结构受力分析及系泊力计算

平台单点系泊系统的连接结构受力以及整体系泊回复力采用二维静力学算法实时计算,包括铰节点的各方向分力与合力,图 4.125 所示为各个铰节点的受力状态,图 4.126 所示为各个铰节点分力、合力的具体数值。

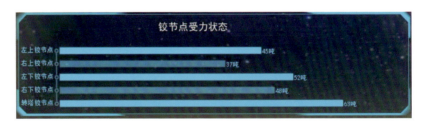

图 4.125　各个铰节点受力状态

连接结构	横向受力 （t）	纵向受力 （t）	垂向受力 （t）	合力 （t）
左上铰节点	61.6	59.1	252.7	266.7
右上铰节点	61.4	58.8	218.3	234.2
左下铰节点	59.5	67.1	250.7	266.3
右下铰节点	59.3	67	216	233.8
转塔铰节点	69.8	61.7	167.4	197.6

图 4.126　各个铰节点分力、合力的具体数值

平台单点系泊系统的整体系泊回复力曲线如图 4.127 所示,回复力时程显示当前 12h 的时程,界面右上端显示当前时刻的回复力数值。

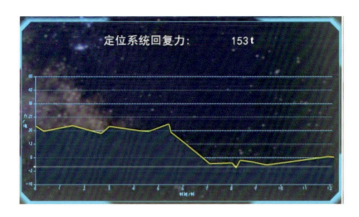

图 4.127　单点系泊系统回复力时程

(4) 系泊结构摆动角度及疲劳寿命

系泊结构摆动角度包括刚臂横摇、左右系泊腿横摆、左右旋转铰以及止推轴承转动等,图 4.128 和图 4.129 所示分别为刚臂横摇以及左右系泊腿横摆的角度显示和时程。

图 4.128　刚臂横摇、左右系泊腿横摆角度显示

系泊系统连接结构转动角度及疲劳寿命如图 4.130 所示,实时展示旋转铰和止推轴承的转动角度,左下方展示结构所受 X、Y、Z 三个方向的分力大小,并用百分数表示各个方向拉力分量所占比重大小,帮助用户直观了解结构受力情况,并通过疲劳寿命算法实时计算更新连接结构的疲劳寿命并显示在界面右下方。

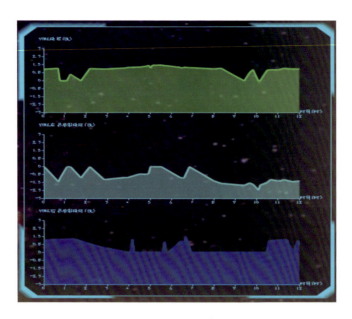

图 4.129　刚臂横摇、左右系泊腿横摆角度时程

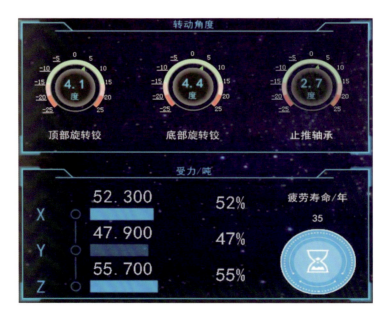

图 4.130　连接结构转动角度及疲劳寿命

（5）连接结构应变、位移监测

连接结构应变测点编号与布局如图 4.131 所示，各应变测点用 1 ～ 8 表示，同时将实时采集的应变数据显示在界面右侧。

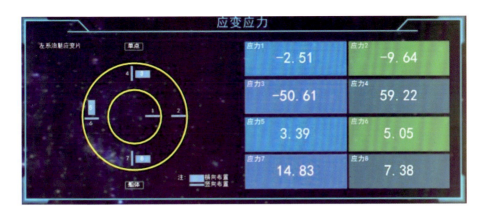

图 4.131　连接结构应变测点编号与布局

连接结构位移测点编号与布局如图 4.132 所示,位移测点编号用 1～6 表示,同时将实时采集的位移数据显示在界面右侧。

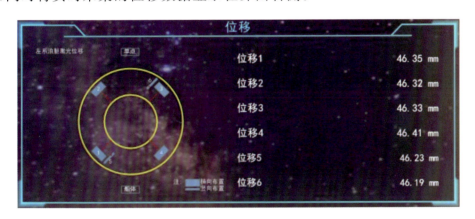

图 4.132　连接结构位移测点编号与布局

4.13　安保效能评估数值模型

海洋核动力平台安全保卫系统是一种采用探测、延迟及响应的技术和能力来阻止内外入侵分子破坏核动力平台的行为和防止盗窃、抢劫或非法转移核材料活动的安全防范系统。相比陆上核电站,海洋核动力平台所面临的生存环境要复杂得多,虽然我国正在加强对海洋的管制力度,但是就现状而言,国家对海洋的掌控力度弱于内陆,尤其是南海等争端海域。海洋核动力平台可能遭受周边不友好国家、恐怖组织、海盗等多方势力的威胁袭扰,其面临的威胁手段也多种多样,一般都具有隐蔽性好、付出代价低、潜在威胁大等特点,干扰平台正常作业,在极端情况下,能够迅速对平台造成危害。海洋核动力平台属于涉核设施,一旦被破坏,不仅会造成巨大的经济损失,还将造成严重的环境污染、政治影响与社会影响。

国际安全形势日益紧张,安全形势恶化使得核设施的安全性受到空前的重视,按照相关法规要求,所有的实物保护系统在投入运行之前,必须进行有效性评估。目前我国采用的量化评估技术还是 20 世纪 90 年代末期从法国和美国引进的路径型探测分析方法,即将通往保护设施的路径进行排列组合,对途中每个路径元件的探测时间、延迟时间以及保卫人员响应时间进行测量,通过比较每条路径的探测、延迟和响应时间来量化评估安全保卫系统的有效性。

4.13.1　安保效能评估建模机理

实物保护系统是包含人因工程、信息化技术、传感器技术的综合工程,影响其完成任务能力的因素复杂。路径分析法通过每条路径截止概率对实物保护系统进行评价,评估指标单一,忽略了系统可靠性、指挥人员策略、信息安全水平、训练水平等因素对系统性能的影响,反映不出系统的实际能力,通过对核电站实物保护系统运行情况研究,截止概率高的在实际运行过程中表现不一定更优秀,因此,急需一种新的能够全面反映系统综合实力、满足实战要求的评价方法。

系统的效能评估是对系统的表现值与系统的目标的期望值之间的吻合程度的量化评价,综合效能评估是现代系统工程应用领域的一个重要课题。综合效能评估对于了解系统的能力有很大帮助,能够明确系统的缺陷所在,指明系统的发展方向,但是尚未在核设施实物保护领域进行应用。为了能够在系统投入实际使用之前就准确掌握其真实能力和对环境适应程度,反映系统的薄弱环节,得出费效比较高的改进措施,因此利用效能评估来指导系统的设计。

(1) 效能评估建模

海洋核动力平台安保系统效能的评估指标包括水面预警防卫、水下预警防卫、低空预警防卫、内部预警防卫和安防人员素质五个分量,其体系图如图 4.133 所示。这五个分量是由各装备及人员力量有机结合而成,为定量评估效能,首先要对武器及人员装备的能力进行指数量化,以武器装备效果的不确定性来量化武器装备的能力[26]。

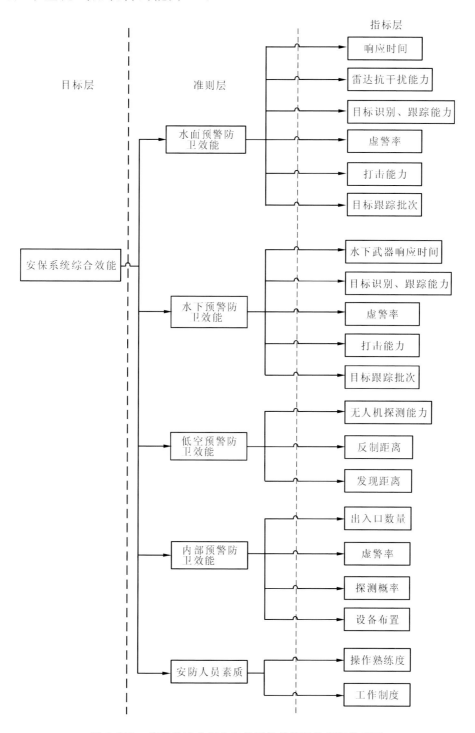

图 4.133 海洋核动力平台安保系统效能评估指标体系图

（2）评估指标体系和权重分析

评估指标体系和权重分析是整个评估过程中的一个关键点，直接影响评价结果的准确性。针对实物保护系统综合效能评估的各项指标体系以及权重分析的研究较少，在国内外并无权威的文件以及标准对评估指标体系和权重进行规定，因此在研究的初期阶段通过专家经验和试验数据统计分析构建指标体系，保障评估指标体系的准确度，同时为了减少主观性，采用层次分析法确定指标权重。

参照相关标准和导则要求，遵从最简性、客观性、可测性、完备性、层次性等原则，分析、论证了实物保护系统的任务执行能力的关键影响因素，建立两级实物保护系统评估指标体系，如表 4.7 所示，其中，抽取探测能力、延迟能力、响应能力、系统可靠性、系统信息安全 5 个重要方面作为评价的一级指标，一级指标下共设 13 个二级指标。

表 4.7　评估指标体系

评价目标	一级指标	二级指标
系统综合效能	探测能力	控制区探测概率
		保护区探测概率
		要害区探测概率
	延迟能力	实体屏障坚固程度
		屏障间距
		出入口数量
	响应能力	人员配置数量
		武器装备配置
		通信保障
	系统可靠性	设备冗余程度
		设备环境适应性
	系统信息安全	技术措施
		管理策略

通过将专家分析法和试验数据统计分析相结合的方式，得到同一层次内指标间的相对重要性，例如探测能力指标对应二级指标的相对重要性可通过核电站运行数据统计得到，响应能力指标对应的二级指标的相对重要性则通过专家分析法确定。采用 9 级标度原则对各层指标进行标度判断，形成判据矩

阵,通过层次分析法求取各指标的权重。

4.13.2 安保效能评估初始模型

（1）评估模型分析

对海洋核动力平台实物保护系统进行综合效能评估,评估试验结果如图4.134所示,绝大多数的专家和对抗试验结论对各指标的相对重要性趋势判定是一致的,但是具体相对重要程度值存在差异,例如通过大量仿真对抗试验发现,在其他指标相同的情况下,探测能力强的系统要比延迟能力强的系统胜出的概率要高,专家也一致判定探测能力比延迟能力重要,但是相对重要程度值的判定上却存在较大差异。

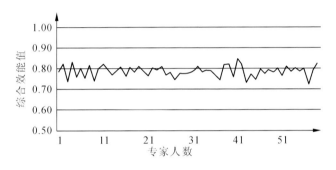

图 4.134 评估试验结果

另外,此次评估方案中选取的部分评价指标如环境适应性、通信保障等,其性能优劣没有明确的评判界限,具有模糊性;还有部分指标在不同的试验中的表现或由不同的行业专家判定的结果不同,如对同一个系统的环境适应能力或通信保障能力的评价可能存在偏差,体现了其随机性。在使用层次分析法进行评估时,需要确定指标的隶属度函数,建立定性指标和定量评价值相互间转化的映射关系,但是由于指标的随机性和模糊性,不同的评估样本中指标定量评价值也存在差异。

为了获得更精确的评估模型,一般可以采用最大隶属度、取均值等原则对评估样本结果进行优化,但是最大隶属度原则会损失大量的有效样本信息,导致最终结果的均方差较大,同时取均值原则也不能反映多数样本的集中效应。由于人工神经网络具有联想、自组织和很强的容错能力,其通过输入层、隐含层和输出层之间的非线性复合作用以及对训练数据的自主学习,可建立底层指标与综合效能间更为精确的映射模型,因此可被应用于对评估数据进行优化,以获得更精确的实物保护系统评价模型。

(2)基于 BP 神经网络的评估模型优化

神经网络实现了机器通过相关算法来模拟神经元交流学习过程,从网络结构和学习机制相结合的角度,神经网络可分为单层向前网络、多层向前网络、反馈神经网络、随机神经网络、竞争神经网络,拟采用 BP 神经网络构建海洋核动力平台实物保护系统的综合效能评估模型,以层次分析法建立的实物保护系统评估指标体系作为 BP 神经网络输入、输出变量,以此次评估试验所得样本作为训练样本,对模型训练和验证,得到一种更精确的海上核设施实物保护系统评价模型。

将实物保护系统的一级评价指标作为输入变量,综合效能值作为因变量,建立核设施实物保护系统综合效能评估模型。输入变量为探测能力、延迟能力、保卫人员响应能力、系统可靠性和系统信息安全,模型输入层节点数量为 5;模型输出层为效能值,节点数量为 1;BP 神经网络隐含层的设计对整个神经网络模型的性能有重要影响,参照相关文献中 BP 神经网络隐含层设计经验,隐含层节点数量设置为 7。

从 60 组评估样本中,选取其中 50 组数据作为模型训练数据,首先对 50 组数据评估指标的参数进行归一化处理,输入到 BP 神经网络进行训练,并将 10 组数据作为验证数据代入模型进行训练计算。核设施实物保护效能评估模型训练结果与误差曲线如图 4.135 和图 4.136 所示,经过 220 次反复迭代训练后,训练误差快速收敛至 0.5%。

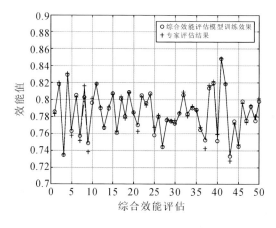

图 4.135　效能评估模型训练结果比对

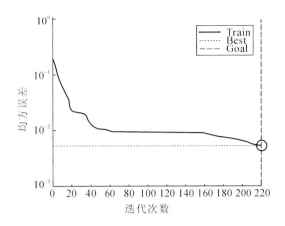

图 4.136　训练误差曲线

　　综上所述,此次试验建立的 BP 神经网络评估模型充分利用了评估试验样本数据,能迅速收敛,预测评估结果与试验样本结果一致性高,误差较小,具有较好的自适应性、稳定性,尽可能地避免了综合效能评价值受到主观因素的干扰,该模型适用于同类型的核设施实物保护系统的综合效能评估。

5 海洋核能数值平台关键技术

数值平台是大数据、云计算、物联网、人工智能等技术与工业应用的深度融合,因此数值平台技术路线是通过数值建模解决未来信息化过程中的工业数据爆炸问题,通过模型自优化解决与工业实际脱节问题。该技术路线既能充分发挥海洋核动力平台示范工程总承包单位的作用,涵盖示范工程设计、建造、运维、退役全生命周期的优势,也符合中国制造 2025 战略发展趋势。围绕该技术路线进行技术分解,即对多源信息一体化管理技术、分布式计算与存储技术、云通信网络技术、多物理场耦合建模技术、工业信息安全技术、软件定义技术进行模块化积累,同时,与相关技术单位与研究机构进行深入合作,形成初步的解决方案,为数值平台搭建提供技术支撑。

5.1 多源信息一体化管理技术

海洋核动力平台示范工程数值平台以全寿期运维保障为目的,通过构建海洋核动力平台本体数据集与模型集完成设备故障预测与远程专家支持,这需要整个海洋核动力平台的"大数据"作为基础支撑。海洋核动力平台的"大数据"从时间维度上贯穿了平台的整个生命周期,时间跨度长,包括设计、建造、试验、运维、退役等阶段;从参与单位的角度来看,涉及多家单位,包括设计单位、设备厂家、建造单位、业主单位等;从设备厂家的角度来看,整个海洋核动力平台设备众多,往往由不同的设备厂家负责提供。因此,从多个角度来看,海洋核动力平台"大数据"的特点如图 5.1 所示。

图 5.1 海洋核动力平台"大数据"特点

5.1.1 多源信息分类

对海洋核动力平台而言,多源信息的数据来源主要是协议数据和传感器数据两种类型,如图 5.2 所示。

图 5.2 多源信息数据来源类型及特点

协议数据是指通过通信协议从设备控制器获取的相应数据,如从数控系统(CNC)、可编程逻辑控制器(PLC)、工业机器人控制器、专用控制器等获取的数据。协议数据采集的方式如图 5.3 所示。

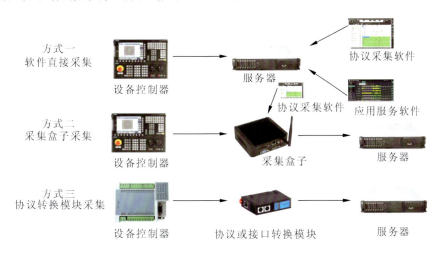

图 5.3 协议数据采集方式

传感器数据的信号类型一般有 IEPE 信号、电流信号、电压信号、脉冲信号、I/O 信号、电阻变化信号等,传感类型有振动、噪声、电流、电压、功率、压力、扭矩、角度、应力/应变、流量、电度、计数、位移、温度等,采集频率一般为 1Hz ~ 10kHz。传感器采集硬件为高频数采器,如国外的 Gantner 系列、国产 DAS 系列,其具有嵌入式主板,主板上具有以太网接口,能够远程获取数据;某些嵌入主板具有边缘计算能力,能够实时处理数据,满足强实时应用要求;

能够支持多种采集板卡(温度、振动、电流、电压、应变等)级联。

5.1.2　一体化编码

信息化是数值平台的基础,其作用是实现信息资源的共享,而数值平台则是在此基础上实现信息处理及应用的"智慧化"。平台信息化的目标是实现平台信息资源的开发、加工、利用和共享,从而实现平台资源的精确管理,降低管理成本,提高资源管理和利用效率,最终实现平台效益和资源增殖,因此平台信息化的核心是信息系统的集成,通过信息系统的集成实现信息资源的共享[27]。

海洋核动力平台多源信息编码采用面向信息共享的信息分类编码结构:首先,采用职能域和编码对象域分类信息对象,对平台信息资源进行统一规划和统一组织,确定编码应用范围,然后按照信息粒度原理来确定编码体系的结构,建立"职能域—编码对象域—信息粒度"的编码标准体系框架[28]和基于统一信息组织的柔性编码结构模型,形成信息一体化编码技术,实现不同编码原则的统一。

基于统一信息组织的柔性编码结构模型如图 5.4 所示,根据平台面向信息共享的编码实际需要,该编码结构是由刚性码段和柔性码段组成,信息对象类别码是刚性的,也就是说码段数和码段长度是固定的;而信息对象分类码和识别码则是柔性的,用户可以根据不同的信息对象柔性定义分类码和识别码。在产生编码时,编码从左至右根据不同码段产生代码,最终顺序组合成编码[29]。

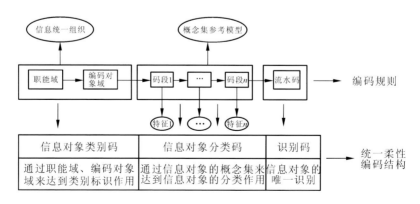

图 5.4　基于统一信息组织的柔性编码架构

5.2　海量数据云计算与存储技术

数值平台的分布式计算与存储系统部署与实现方式有两种,一是从无到有,由专门的企业单位进行规划、设计、采购、部署、配置、调试、投用。这种方式工作量大、经济投入多、耗时长,且随着数值平台的发展,用户越来越多,涉及的单位、厂家越来越多,系统的扩展及管理难度增加。二是应用云计算与云存储实现分布式计算与存储系统的部署。这种方式工作量小,耗时少,同时扩展和管理难度小。数值平台系统复杂,扩展和管理要求高,其分布式计算与存储系统的实现宜采用第二种方式。

5.2.1　架构原理

云存储和计算的基本架构包括三层:基础设施服务层、平台服务层、应用服务层。具体如图 5.5 所示。

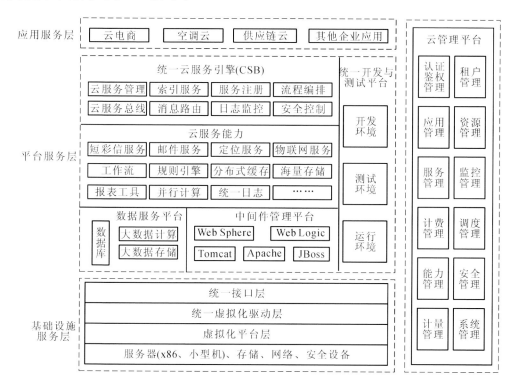

图5.5　云存储和计算的基本架构

（1）基础设施服务层

基础设施服务层采用统一的硬件资源,向平台服务层平台以及各个专业应用的平台层提供服务。该层是由服务器、存储、网络和安全设备组成的计算资源池、存储资源池、网络资源池和安全资源池,为平台服务层、应用服务层、云管理平台的信息运算、信息存储、信息交换和信息安全防护提供基础设备资源。基础设施服务层负责物理设备自身和虚拟资源池的运转和管理,以及对各类资源池进行容量分配及控制等[30]。

（2）平台服务层

平台服务层为各个应用提供标准化的共享云服务,包括云服务引擎、中间件管理平台、数据服务平台,云服务能力等功能组件和开发环境、测试环境、运行环境等。云服务引擎主要实现各类资源和能力的调度管理,包括服务资源管理、服务鉴权管理、服务监控管理和服务路由管理功能。中间件管理平台主要实现对中间层的统一管理和资源动态共享。数据服务平台主要实现对数据库的统一管理和资源动态共享[30]。云服务能力集成了云平台自身的技术能力、第三方提供的云服务能力和行业应用自身的业务能力,进行统一的管理和封装,然后对外进行统一提供。

（3）应用服务层

应用服务层通过分析各系统的需求,开发通用共享的软件,满足各系统应用需求,并将所有应用软件通过云平台统一门户进行展现。数值平台分布式计算与存储系统应基于云架构平台服务层,进行具体应用部署。

5.2.2　应用关键

应用云技术架设数值平台分布式计算与存储系统存在如下关键点:

① 数值平台的数据来源很分散,可能存在某些数据来源单位、厂家建有私有云或已经上云,这种情况下,需要考虑多种系统上云、多云之间的数据融合问题。

② 数值平台的数据来源于不同的单位、厂家,不同来源的数据格式不同,协议不同,应制定通用一体化编码规则,并将不同协议转换成一体化私有协议。

③ 数值平台的适用场景及数据来源要求数值平台对数据进行安全分级管理,对于安全级别高的数据及应用,在必要情况可以考虑私有云存储处理,这种情况下,需要考虑私有云与公有云之间的隔离及共享问题。

5.3 岸船一体化通信技术

数值平台的正常运行离不开海量数据的精准、高效传输,一体化存储与计算的实现也建立在信息交互畅通无误的基础上。只有稳定高效的通信网络才能最大限度地确保海上船舶／平台与岸基等指挥、支持部门之间及时有效的信息交互,保障数值平台的正常运行和在应急情况下对海上船舶／平台的准确指挥以及决策救援。

在运行过程中,数值平台的各组成机构之间有着大量数据传输的需求,与陆上便捷的互联网通信不同,数值平台的数据传输主要依赖于海洋船舶通信,其通信网络的稳定性和高效性受到诸多环境因素的制约。结合数值平台的海洋运行背景,拟开展数值平台的岸船一体化通信网络设计工作,以充分保障数值平台通信的高效畅通。

5.3.1 技术分析

(1)海洋通信

海洋通信主要依靠的是无线电通信手段,常用的有中波、短波、超短波电台等,主要用于船舶和船舶、船舶和岸台之间进行语音通信;此外,海事卫星船站也可用于向国际海事组织报警和使用卫星电话。船岸间的数据通信始终被局限在电话、电报与传真等模拟传输手段范围内[30]。随着卫星通信技术的发展,船舶通信摆脱了只能进行话音和短报文通信的局限,具备了宽带数据传输的能力。同时,船岸间数据的传输方式也逐渐变得多样化。表 5.1 给出了目前船舶常用通信手段的说明和对比。

表 5.1 船舶通信手段说明和对比

通信手段	功能	优点	缺点
中／短波通信	实现船舶与船舶间、船舶与岸台间的中、远距离通信,提供话音通信和电报功能	通信距离较远,对障碍物绕射能力强	通信流程复杂,信息安全性较低
超短波通信	实现船舶之间、船舶与岸台、飞机之间的近距离话音通信	近距离通信较为便捷,对救援通信帮助较大	通信距离较近,受障碍物等影响较大

续表 5.1

通信手段	功能	优点	缺点
海事卫星通信	提供全球(海事卫星覆盖范围内)的话音、短消息、传真、数据服务等,具备向海事组织发送遇险报警信息的功能	通信范围广,提供通信服务种类较多	数据通信费用很高,带宽相对于VSAT较窄
北斗卫星通信	具备定位、导航和电文传输的通信功能	功能较多,我国近海使用较为普遍,通信质量较稳定	通信上仅支持电文传输,无法满足大数据量的传输需求
VSAT通信	实现船舶与卫星的实时通信,与其他船舶、地面基站的卫星站进行远距离、宽频带、大容量的通信。可提供卫星话音、收发邮件、宽带网络通信等功能	带宽高,能实现宽带数据的实时传输,数据费用比较划算	初始安装费用稍高,目前相同公司的一组卫星覆盖面积有限,暂时难以实现全球覆盖

由表 5.1 可以看出,传统的船舶无线电通信很难满足数值平台庞大数据实时高效传输的需求,即便卫星通信的发展使得船舶通信具备了高带宽通信的能力,但船岸无线通信相对于互联网通信来说,仍然具有很大的局限性,其通信速度和效率都面临着天花板的考验。

为了解决船舶与陆地管理指挥中心以及各船舶之间的数据通信和数据共享问题,目前一些船舶的动态监控系统采用了海事卫星与 CDMA 网络相结合的方式,可以保证无线通信的稳定可靠,但是远海时的通信带宽难以满足数值平台的数据传输需求。

(2)岸船一体化通信

建立岸船一体化通信网络的目的在于为数值平台提供稳定的数据传输通道。一体化通信网络的系统结构是将所有的通信终端进行统筹管理,通信终端均部署有一体化通信数据软件,在利用某个通信终端进行通信之前,将其接入由各通信终端组成的 IP 交换网络中,从而利用 IP 网络调度所在交换网络中的通信终端,联合形成一条虚拟信道。当需要进行大量数据交互时,可以通过动态规划分发功能,集中管控调用各终端协同完成通信任务。

有效的无线自组网涉及较多的电台节点,在节点覆盖的影响下可以使船舶与平台在一定范围内实现双向的无线数据通信,从而为人们提供视频、声音以及数据传输等功能。在通信带宽方面所采取的主要是共享模式,结合数据传输上的需求分配,以此来实现船队近距离通信与远距离通信的结合,从而在无线自组网中建立出公共通信模块,加强平台与船舶上的有效对话。在无线自组网系统中并不会涉及太多的中心基站与节点设备,在网络内或者在节点的组成下,形成拓扑网络结构,从而实现多方向上的通信,在移动中也可以实现拓扑变化,并为其他节点提供通信功能。

对于一体化通信而言,同样是在船舶、岸基等多个机构之间采用卫星通信设备建立一个自组网络,在卫星线路的影响下,通过各个节点的卫星通信设备保证船舶和岸基都可以双向地连接到数据中。各个节点的数据带宽也可以从数据传输需求上出发来进行有效的分配。

为满足数值平台的数据传输需求,可以建立以数据中心、作业船舶／平台和各支持单位为通信节点的一体化通信网络,提供节点之间可靠、高效的数据通信。

5.3.2　架构原理

（1）通信需求分析

在数值平台的设计方案中,整体结构是以数据中心和作业船舶／平台作为业务核心,设计单位、设备厂家等作为技术支持和决策辅助的提供者。数据中心是整个数值平台主要的数据收取存储和分发中心,也是岸上的指挥中心,作业船舶／平台是数值平台主要的数据提供源,设计单位、设备厂家、制造单位和业主单位等作为部分数据的接收方和提供方。

正常工作状态下,作业船舶／平台向数据中心发送的数据传输量最大,接收数据中心传输的数据较少,设计单位、设备厂家、制造单位主要在作业开始前有大量参数传输给数据中心,作业过程中数据交互较少,数据中心还会定期向业主单位发送固定大小的数据信息。应急工作状态下,作业船舶／平台一方面需要发送大量状态信息为岸上专家及技术人员提供紧急情况的信息,另一方面需要调动各相关单位为数据中心提供技术支持和决策辅助,各节点之间的数据传输量都急剧增大。

图 5.6 展示了岸船一体化通信架构,它以数据中心作为整个通信系统的信息集中地和中转站,数据中心与作业船舶／平台之间通过卫星通信进行双

向的数据传输,数据中心与其他陆上单位通过电传或光纤网进行数据传输。从图5.6中可以看出,数据须由数据中心予以转发,不仅对通信效率造成较大影响,还给数据中心的通信业务带来了较大压力,难以满足数值平台数据传输高效性的需求。因此,我们还需要从通信网络结构的改良上着手,设计更适合数值平台信息交互的通信网络方案。

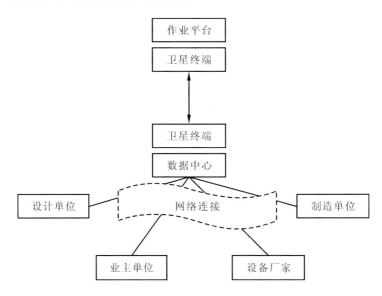

图 5.6　岸船一体化通信架构

（2）通信网络设计

涉及与作业船舶/平台的信息交互,通常的以互联网通信为基础的云通信并不适用,需要设立适应海洋通信特点的岸船一体化通信网络。

海洋核动力平台拟选取船舶通信上能提供高带宽、较为稳定可靠数据传输功能的卫星通信站作为一体化通信数据终端,将卫星通信作为通信信道。在数值平台的各通信节点（作业船舶/平台、数据中心、设计单位等）都安装有卫星通信基站,作业船舶/平台和其他各通信节点都能通过卫星直接传输数据,而其他通信节点因为都处于陆地上,互相之间还能通过更方便快捷的互联网进行通信。岸船一体化通信网络基本结构如图5.7所示。

按照上述设计,数值平台构建的一体化通信网络由各个通信节点的卫星通信终端组成,各通信节点之间可以通过卫星通信终端进行数据传输。由于在不同的工作状态下,各通信节点的通信需求是变化的,所以需要采用动态规划分发机制来实现一体化通信的高效率。通过这一机制,让各通信终端都

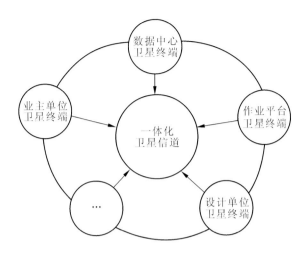

图 5.7　岸船一体化通信网络基本结构

承担一部分卫星通信任务,通过卫星共同完成数据的传输业务,保证数据传输的快速和高效。

（3）智能通信辅助

在基于卫星通信的一体化通信网络的基础上,拟搭配智能通信技术来进一步提高通信效率和稳定性。智能通信可以辅助一体化通信网络的运行,根据作业船舶／平台所处环境、通信状态等自动选择经过优化算法计算得到的通信质量最佳的通信频道。

智能通信功能的实现是通过检测单元向不同的卫星通信频段发送检测信号,对接收的答复信号进行幅度、扰动等方面的量化分析,给出相应的实时通信质量参数;控制单元在判定最佳通信质量的信道后,将通信通道即时切换至该信道,保证作业船舶／平台在恶劣海洋环境下仍然能够与岸基稳定通信。

当作业船舶／平台作为一体化通信网络终端收到通信需求时,根据当前通信环境和设备状态给出最优信道的推算结果,并切换到该信道开始通信,同时信道优选设备对当前可用信道进行监测,获取各通信信道的实时通信质量指数,作为新的数据存入数据库,通过与推算结果的对比,验证并改进优选算法。

实现智能通信首先须建立数据库,通过对海上设施及船舶采用的各类通信设备进行分析监测,收集其运行参数和通信时的气候环境参数、设施或船舶的姿态信息等,可以形成通信状态数据库。对已经建立的通信运行数据库进行数据挖掘,根据环境条件推测出各通信信道质量指数的函数,采用合适的机器学习算法对函数进行优化,同时通过数据库内的数据对算法进行验算和改进。智能通信的意义在于,充分提高了数值平台数据传输的可靠性和稳定性,使数值平台的信息交互能够应对变化的海洋环境。

5.4　软件定义技术

5.4.1　技术分析

现代社会正在进入一个软件定义的时代,其基本的特征表现为万物皆可互联,一切均可编程。向下将"人 — 机 — 物"融合环境的网络资源、存储资源、数据资源、计算资源、传感资源等海量异构资源连接起来实现万物互联,向上通过编程提供社会计算、移动计算、云计算、工业互联网、物联网等众多应用模式[31]。在这个基础上支撑大数据、人工智能应用、共享经济、智能制造等新应用、新模式、新业态。

软件定义的概念来源于"软件定义网络"技术的兴起,软件定义的技术本质是将原先一体化的硬件设施打破,使原来整个高度耦合的一体化硬件通过标准化、虚拟化等技术解耦成不同的部件,将基础硬件虚拟化并提供标准化的基本功能,然后通过管控软件控制其基本功能,提供开放、灵活、智能的管控服务,即建立一套计算机信息空间和物理空间的基于数据自动流动的闭环赋能体系,以解决生产过程中的复杂性和不确定性[32]。

5.4.2　架构原理

数值平台的建设目标是打造一个人、机、船融合的平台,需要把各种各样的信息资源连到一起,同时信息资源又要和社会资源、物件、设备硬件资源等关联起来,支撑各种各样的应用模式,在大数据、云计算、人工智能、共享经济、平台经济等新的概念之下进行深度融合,这一切要靠软件定义的方式来实现,软件在支撑和定义着数值平台:

(1)软件定义数值平台的功能。数值平台在平台全生命周期过程中可以通过软件对其进行监测、控制并完成自身的优化与成长,软件可以增强数值平台的功能灵活性、易扩展性、安全性、可管理性等[33]。

（2）软件定义数值平台的建设模式。数值平台建设模式包含设计、建造、运维、退役四个阶段，随着软件平台和工具的多样化，可将这样一个线性的研发流程从串行转变成并行，实现从局部资源的优化到全局优化的过程。

（3）软件定义数值平台的运行方式。数值平台基于数字孪生技术实现，以海洋核动力平台示范工程设计、建造、运维、退役全生命周期为应用载体，通过软件数值建模解决工业数据爆炸与繁冗问题，通过模型自优化解决系统仿真与实际运行脱节问题。

因此，基于数字孪生和软件定义技术，以海洋核动力平台为物理实体建立虚拟数值模型和智能服务系统，其实现机制如图 5.8 所示，集成评估、控制、优化等各类信息系统，为海洋核动力平台提供智能运行、精准管控与全寿期运维服务。

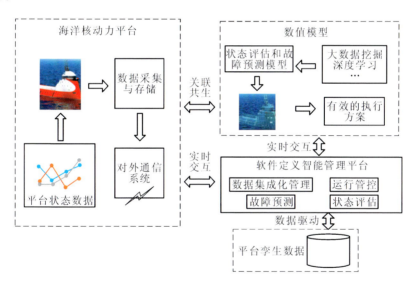

图 5.8　数值平台智能管理系统实现机制

数值平台智能管理系统主要包括以下几个部分：

① 海洋核动力平台是客观存在的物理实体，由多个功能的控制子系统（总体结构、舾装、综合保障、舱室环境与控制、消防、单点系泊）组成。各个系统均布置各类传感器和执行器，实时监测采集数据和运行状态。

② 数值模型是示范功能的数字化镜像，是对物理实体的真实反映和模拟。

③ 孪生数据包括海洋核动力平台、数值模型、智能管理系统的相关数据，通过在实际运行过程中海洋核动力平台和数值模型的不断交互，实现对海洋

核动力平台的实时调控及迭代优化。

④ 软件定义的智能管理系统涉及软件定义设备、软件定义设计资料、软件定义过程、软件定义模型等理论，集成了评估、控制、优化等各类信息系统，基于海洋核动力平台和数值模型提供智能运行、精准管控与可靠运维服务。

6 总 结

在项目需求方面,由于海洋核动力平台示范工程长期远离陆地,具有"孤岛式"运行的特点,海上故障维修费用昂贵,严重影响其稳定性及经济性。因此,需要围绕海洋核动力平台建立完善的智慧运维平台,实现海洋核动力平台的运行优化、故障报警、预测维修、远程专家支持等功能,有效提高海洋核动力平台的安全性与经济性。国家能源海洋核动力平台技术研发中心希望以示范工程为依托,贯穿海洋核动力平台设计、建造、运维、退役全生命周期,融合数字孪生、大数据、云计算、机器学习等前沿技术,搭建基于工业模型库的"数值平台",实现海洋核能领域的智慧运维体系建设。

在技术发展方面,大数据时代造就了"云上贵州"产业的蓬勃发展,但是随着信息化的发展以及 5G 时代的到来,不可避免地会面临数据爆炸难题,因此未来工业竞争必然集中在工业信息的深度应用范畴,即工业模型库建设范畴。同时,随着新一代信息科技与传统制造业的深度融合,世界各国分别提出了国家层面的制造业转型发展战略,旨在通过模型化设计实现制造的物理世界和信息世界的互联互通。在技术思想上,数值平台主要通过数值建模解决未来信息化过程中的工业数据爆炸问题,通过模型自优化解决与工业实际脱节问题,因此,在某种意义上,数值平台将为中国制造 2025 发展战略与工业全生命周期运维保障探索技术桥梁。

在理论概念方面,数值平台概念源于型号装备保障过程中应用的远程专家支持系统与综合保障信息系统,再结合数字孪生、大数据、云计算、机器学习等前沿技术,形成基于工业模型库的全生命周期运维保障创新理念。因此,数值平台构建了物理空间与信息空间之间基于数据高效交互的状态感知、实时运算、智能决策、精准执行的闭环赋能体系,解决设计研发、生产制造、应用维护等过程中的复杂性和预测性问题。

在实施搭建方面,国家能源海洋核动力平台技术研发中心充分发挥作为示范工程总承包单位的优势,进行了包括多维基础数据感知、分布式存储与计算、数值建模与自优化、故障预测与反馈,以及信息安全部署的五层设计,在横向上涵括海洋核动力平台设计、建造、运维、退役全生命周期,在纵向上包括数值设备、数值系统、数值平台各维度层级,最终形成规范统一的海洋核动力平台运行本体模型集,为平台状态评估、预测维修、智慧运维等提供技术支持,并为下一代平台设计提供参考依据。

在实际运行方面,数值平台通过数据云将海洋核动力平台示范工程、设计单位、业主单位、建造单位及设备厂家紧密联系起来,通过多维度经验反馈实现数值平台的多方同步维护。同时,这种运行机制可以在多维度上寻求海洋核动力平台及其设计单位、业主单位、建造单位及设备厂家的利益共同点,保障其在实际运行过程中具备较高的可行性。

在技术保障方面,国家能源海洋核动力平台技术研发中心依托于海洋核动力平台示范工程保障能力建设项目,已经规划并开展了数值平台实验室搭建工作。数值平台实验室以平台数据服务中心为基础,通过建立数字化测试实验室、仿真演示实验室与岸船一体化保障技术实验室,有效提高海洋核动力平台的智能化测试与系统联调能力,对平台各系统进行仿真演示与效能评估,开发岸船一体化远程调度与故障诊断技术。

综上,数值平台作为解决信息化时代数据爆炸问题的重要途径,顺应前沿技术发展趋势与国家战略发展方向;依托于海洋核动力平台示范工程打通技术路线,极大规避了高新产业本身的实施风险性;基于数值平台实验室搭建、相关支撑软件开发等前期工作,可以持续为数值平台产业圈建设提出原动力。同时,在数值平台搭建过程中,国家能源海洋核动力平台技术研发中心与德国西门子股份公司、浙江中控技术股份有限公司、南京科远自动化集团股份有限公司、施耐德电气有限公司、东软集团股份有限公司、大连陆海科技股份有限公司、沈阳天眼智云信息科技有限公司、上海阿波罗机械股份有限公司等建立了良好的合作关系,与上海交通大学船建学院、上海交通大学机电学院、哈尔滨工程大学核科学与技术学院、武汉理工大学能源与动力工程学院、苏州热工院等高校及研究机构就数值平台共建达成了初步共识,基本形成了良好的数值平台产业生态圈。因此,数值平台作为任重而道远的工业信息化探索,同时面临机遇与挑战,需要更多相关技术领域研究机构与设备厂商的加入,共同建立数值平台生态圈,为"中国制造 2025"探索技术实施途径。

参考文献

[1]　黄欣荣.复杂性研究的模型方法[J].系统科学学报,2007,15(3):12-17.

[2]　陶飞,刘蔚然,刘检华,等.数字孪生及其应用探索[J].计算机集成制造系统,2018,24(1):1-18.

[3]　杨城.复杂适应系统的仿真技术研究与应用[D].成都:电子科技大学,2009.

[4]　王成龙.复杂机电系统统一建模与仿真技术研究[D].青岛:山东科技大学,2010.

[5]　黄漾.分布式环境下任务调度探讨[J].电脑知识与技术,2011,7(19):205-206.

[6]　牛瑞瑞.一种基于数据仓库的物流系统构建研究[J].信息与电脑(理论版),2012(11):37-38.

[7]　寿海涛.数字化工厂与数字化交付[J].石油化工设计,2017,34(1):44-47.

[8]　万青霖,段碧清,梁潇,等.海洋工程设施数字化技术及其应用[J].微型机与应用,2014(7):66-70.

[9]　王丽佳.基于BIM的智慧建造策略研究[D].宁波:宁波大学,2013.

[10]　王要武,吴宇迪.智慧建设及其支持体系研究[J].土木工程学报,2012(z2):241-244.

[11]　秦银雷,宋奕,童建春.浅析故障预测和健康管理(PHM)技术[J].中国科技信息,2011(10):152-153.

[12]　彭宇,刘大同,彭喜元.故障预测与健康管理技术综述[J].电子测量与仪器学报,2010,24(1):1-9.

[13]　赵中敏,王茂凡.柔性制造系统(FMS)故障预测与健康管理视情维修系统研究[J].机床与液压,2012,40(7):186-190.

[14]　张建武.工程机械退役产品再制造信息追溯系统的研究与开发[D].长沙:湖南大学,2015.

[15]　夏小军.工程机械退役产品信息追溯系统研究[D].长沙:湖南大学,2014.

[16]　凌飞.基于传热模型的中央空调系统综合能效优化[D].杭州:浙江大学,2012.

[17]　喻露.基于FDS数值模拟的LNG蒸船池火危险距离分析[D].武汉:武汉理工大学,2014.

[18]　于洋.基于Agent的舰船人员疏散模型研究[D].哈尔滨:哈尔滨工程大学,2013.

[19]　付阳阳,陆松,刘长城,等.基于Pathfinder软件的飞机人员疏散模拟[J].安全与环境学报,2015,15(5):189-194.

[20]　杨诗成,王喜魁.泵与风机[M].北京:中国电力出版社,1990.

[21]　许实章.电机学[M].北京:机械工业出版社,1980.

[22]　刘兆恒.双进口凝汽器壳侧凝结换热的数值模拟[D].哈尔滨:哈尔滨工程大学,2018.

[23]　刘成义,李焱,唐友刚,等.浅水单点系泊FPSO软刚臂参数敏感性分析[J].中国舰船研究,2014(5):69-76.

[24]　余骁,王允,李慧.软刚臂单点系泊系统系泊力计算两种方法对比[J].船海工程,2018,47(1):129-132.

[25]　韩强.海上风机吊装作业船全船结构强度分析[D].镇江:江苏科技大学,2011.

[26]　王朕,曹建亮.信息化条件下联合作战效能评估[J].四川兵工学报,2009,30(4):91-93.

[27]　董洪飞,孙香云.基于统一编码模型的信息系统集成研究[J].航空标准化与质量,

　　　　　2011(1):41-44.

[28]　　古发辉,赖路燕,李雯.面向信息共享的信息分类编码及其管理系统研究[J].情报杂志,2008,
　　　　　27(11):74-77.

[29]　　古发辉.面向信息共享的信息分类编码及其管理系统的研究[D].赣州:江西理工大学,2008.

[30]　　房秉毅,张云勇,李素粉.基于云计算的智慧城市平台设计[J].信息通信技术,2013(5):6-11.

[31]　　梅宏.万物皆可互联,一切均可编程[J].方圆,2018,501(12):58-59.

[32]　　王玉峰,张江.工业软件:智能制造的大脑[J].中国工业评论,2018(z1):34-41.

[33]　　安筱鹏.软件视角的未来工业[J].化工管理,2017(4):28-30.